JN099977

事例解説

税理士のための

もう
迷わない！

クラウド
ファンディング
の実務

類型ごとの会計処理から
資金調達支援のためのアドバイスまで

原 尚美 ●著

第一法規

■ はじめに

　顧問先から、クラウドファンディングという言葉をよく聞くようになりました。「クラウドファンディングを始めようと思うのですが、先生はどう思いますか」と相談されたり、ある日突然、顧問先の通帳に多額のお金が振り込まれ、入金内容を質問すると「クラウドファンディングです」と返事が来たりなど、クラウドファンディングにまつわる会計処理を経験された税理士も増えているのではないでしょうか。

　しかし、クラウドファンディングについて何となくは知っているけれど、その仕組みや種類について詳しいことは分からないという人が、ほとんどではないかと思います。クラウドファンディングは、一部の若いスタートアップの企業だけが行うもので、ほとんどの中小企業には関係がないと思っているとしたら、それは大きな勘違いです。

　インターネットの普及にともない、今までは絶対にあり得ないと思われていたビジネスモデルが、近年、次々と成功をおさめています。

　例えば、今ではメルカリというサービスを知らない人はいないでしょう。自分の家で使っていたけれど飽きてしまった使用済みのコーヒーカップや、何回か着たけれど太ってしまったなどの理由でいらなくなった着古しのワンピースを、インターネット上のサイトに写真を撮ってアップするだけで、それを見た赤の他人がお金を払って購入するというものです。購入する人は、特別な業界の人でもなく、10代の若者だけでもありません。普通の主婦や会社員が、スマホのタップひとつで、不要になった衣服や雑貨を、売ったり買ったりしているのです。

　ほんの10年前まで、見ず知らずの他人のお古を買うことに、これほど抵抗がなくなるとは、私たちには想像できないことでした。インターネットは、いやでも人々の価値観を根底から変えていきます。同じように、銀行や日本政策金融公庫などの伝統的な方法以外のルートで資金調

達をするのは特別な会社の話で、自分の顧問先には関係ないと考えるのは、とても危険です。

　私たち税理士の顧問先である街中にある普通の中小企業が、クラウドファンディングを使って、新規事業に必要な資金を集めるのが当たり前という時代が、目の前にやってきているのです。

　そこで本書では、中小企業の頼れるアドバイザーである税理士として、知っておかなければならないクラウドファンディングの仕組みやポイントをお伝えしていきます。

　第1章では、「クラウドファンディングとは何か」という基礎知識をはじめ、そのメリット・デメリット、クラウドファンディングの3つの類型（購入型、投資型、寄付型）について解説しています。

　第2章では、購入型のクラウドファンディングをベースに、事例を用いてクラウドファンディングの流れおよび成功のためのポイントを解説しています。また、投資型、寄付型の場合の留意点もまとめています。

　第3章では、クラウドファンディングの会計処理と税務上の取扱いについて、購入型、投資型、寄付型の類型ごとに、「クラウドファンディング実施者」（資金を募る人）と「クラウドファンディング支援者」（お金を払う人）のそれぞれの側に分けて解説しています。顧問先がクラウドファンディングで資金調達をした場合だけでなく、クラウドファンディングで金銭を支払った場合についてもご参考にしていただけます。

　本書が読者の税理士の皆様にとって、クラウドファンディングにかかる会計・税務の業務を行う場面はもちろんのこと、顧問先からクラウドファンディングによる資金調達について相談された際にもお役に立てる書籍となれば幸いです。

2022年2月

税理士　原　尚美

目　次

凡　例

本書では、以下のとおり法令名等を略称で表記している箇所があります。

法令名等	略　称
金融商品取引法	金商法
金融商品取引法施行令	金商法施行令
法人税法	法法
法人税法施行令	法令
法人税基本通達	法基通
所得税法	所法
所得税基本通達	所基通
消費税法	消法
消費税法施行令	消令
消費税法基本通達	消基通
相続税法	相法
相続税法施行令	相令
租税特別措置法	措法
租税特別措置法施行令	措令
租税特別措置法施行規則	措規
租税特別措置法（株式等に係る譲渡所得等関係）の取扱いについて（法令解釈通達）（平成14年6月24日課資3―1他）	措通（所）
地方税法	地法
東日本大震災からの復興のための施策を実施するために必要な財源の確保に関する特別措置法	復興財確法

また、参考法令を掲げている箇所については下記のように条項号を表記しています。

法人税法第23条第1項第2号	法法23①二

第 1 章

クラウドファンディングの仕組みとメリット・デメリット

1　クラウドファンディングとは何か

(1)　クラウドファンディングの始まり

①　クラウドファンディングの意味

　「クラウドファンディング」とは、crowd と funding をつなぎ合わせた新しい言葉です。crowd とは、英語で群衆とか大衆、たくさんの人が集まって群れている様子を指す言葉で、funding には、資金や出資、資金調達という意味があります。クラウドファンディングとは、その言葉どおり、不特定多数の大勢の人から少しずつ資金を集める仕組みのことをいいます。

②　アメリカでスタートしたクラウドファンディング

　知名度のない会社が、見ず知らずの不特定多数の人から資金を集めるために欠かせないのが、インターネットというツールです。クラウドファンディングは、インターネットの普及にともなって、2000 年代にアメリカでスタートしました。

　もともとアメリカには、スタートアップのベンチャー企業に投資をする文化がありました。アーリーステージの企業にとって、財務的に最も厳しいのは用意した自己資金を使い果たしたときです。新商品の開発に資金はまだまだ必要ですが、一方で十分な売上はしばらく見込めない時期です。日本ではすぐに創業融資を申し込もう！となりますが、アメリカではエンジェル投資家が苦しい時期の起業家を支えてくれます。アメリカには、赤の他人であっても、夢に向かって頑張る若者を応援しようという寄付マインドが根付いているからです。

　インターネットが爆発的に広がるにつれ、インターネット上での婚活や、インターネット上での就活が当たり前になっていったように、インターネットを介したベンチャー企業への投資がアメリカで一般的になる

のに、時間はかかりませんでした。

③　アメリカにおけるクラウドファンディング

　現在アメリカには、Kickstarter と Indiegogo という世界を代表するクラウドファンディングの二大プラットフォームがあります。国境を越えるというインターネットの性質上、英語という言葉の壁はありますが、私たち日本人が投資家として参加することも可能ですし、皆さんの顧問先がアメリカのプラットフォーム上に自社のプロジェクト情報を載せて、資金を募ることもできます。

　日本の片田舎にある小さな中小企業が、全世界の投資家から簡単に資金を集めることができる時代が、すぐ目の前まで迫っているのです。

☞ **POINT**
- ●クラウドファンディングとは、不特定多数の人から少しずつ資金を集めることをいいます。
- ●クラウドファンディングは、2000 年代にアメリカで始まりました。
- ●日本の会社も、アメリカのクラウドファンディングに参加することができます。

(2)　日本におけるクラウドファンディングの広がり

①　寄付のためのツールとして広がる

　名もなきベンチャー企業に投資する習慣のない日本でも、2011 年には READYFOR や CAMPFIRE がスタートしました。同年に東日本大震災が起きたこともあり、クラウドファンディングは寄付を集めるツールとして広がっていきます。テレビ画面に映し出される悲しい映像を観

て、途方に暮れている見知らぬ人々の力になりたいと思った多くの crowd たちが、1,000 円から 3,000 円程度の少額な金額から寄付できる手軽さや、スマホをタップするだけで送金できる利便性を背景に、クラウドファンディングというサービスに親しむようになったのです。

　その後、Facebook や Twitter などの SNS が普及するにつれ、貧困家庭に対する援助や資金難の歴史的遺産を修復したいというアピール、難病の子供の治療費を集めたいなどの呼びかけが、多くの人の純粋な心に共感を呼び、これまであまり日本人に馴染みのなかった寄付文化の発展に寄与していきました。

②　購入型クラウドファンディングの登場

　当初は、社会的弱者を助けるためのツールとして発達したクラウドファンディングですが、やがて意識の高い起業家たちを支援しようという機運が盛り上がりました。2013 年には産業支援のための Makuake がリリースされ、エリアや業界、企業規模に関係なく幅広い全国のものづくりを応援するサービスとして認知されていきます。

　例えば、社会を変革するような素晴らしいサービスを始めたいのだけど、自己資金が足りない、すぐには売上に結びつかないため金融機関からの融資も難しいという投稿を見た人々が、応援の気持ちを込めてお金を払うようになったのです。自分がサポートした新商品やサービスが、世の中に生み出されることで間接的に社会に貢献できる喜びを共有できる、また新商品やサービスを出資のリターンとしていち早く手に入れることができるのが、モチベーションとなりました。

　会社員を辞めたばかりで資金も社会的信用もないけれど、付加価値の高いサービスを提供しようというスタートアップの起業家たちが、熱い夢を語ることで多額の資金を集められるようになったのです。

③　ベンチャー企業への出資

　2015 年、ついに日本にも、スタートアップ企業を対象にした投資目的の株式投資型クラウドファンディングサイト FUNDINNO が登場しました。

　プラットフォームに登録するだけで、通常は得られない未上場株式の情報が取得でき、複数の会社に少額ずつ投資できるようになったのです。これまでは、キャピタルゲインを目的とする未上場株式への出資というと、数百万から数千万円という資金が必要でしたが、10 万円程度の金額から株式を購入でき、投資先企業が事業に失敗するかもしれないというリスクも分散できるなど、会社員や主婦などにも手が届くようになりました。

　こうして、これまではプロのベンチャーキャピタルの専売特許だったベンチャー企業への投資が、素人のエンジェル投資家にも気軽にできるようになっていったのです。

☞ **POINT**
- 日本では、東日本大震災を契機に寄付を集めるツールとしてクラウドファンディングが普及しました。
- また、社会に貢献したいという意識の高い起業家を応援しようという機運が盛り上がり、購入型のサイトが発達しました。
- さらに、素人のエンジェル投資家向けに投資型のサイトが登場しました。

(3)　クラウドファンディングの基本

①　クラウドファンディングの登場人物

　それでは、クラウドファンディングの仕組みについて、みていきましょう。クラウドファンディングには、下記の 3 人の人物（会社）が登場します。

　ⅰ）　クラウドファンディング実施者

　ⅱ）　クラウドファンディング支援者

　ⅲ）　クラウドファンディング事業者

　クラウドファンディング実施者とは、プロジェクトを企画し、そのために必要な資金を募る人のことをいいます。サイトによっては、実施者のことを起案者と呼んだり、実行者、提供者またはプレゼンターと呼んだりする場合もあります。実施者には、個人でも法人でも誰でもなることができます。とはいえ、クラウドファンディングでは約束したプロジェクトやリターンを確実に履行することが求められるので、生半可な気持ちで始めることはできません。登録にあたっては、プロジェクトの実行が可能か、約束したリターンを履行できるかなど、クラウドファンディング事業者独自の審査を受けることになります。

　支援者とは、自分が応援したいと思ったプロジェクトにお金を払う人のことをいいます。サイトによっては、サポーターやコレクターと呼んだり、投資家と呼ぶ場合もあります。個人でも法人でも、誰でも支援者になることができ、基本的に制限はありません。ただし、投資型クラウドファンディングなどで、支援者を個人に限定している事業者もあります。

　事業者とは、実施者と支援者をつなぐプラットフォームを運営する会社のことをいいます。サイトによっては、プラットフォーマーと呼ぶ場合もあります。事業者によって、得意とする分野やユーザーのターゲットが異なるので、どの事業者を選ぶかは、資金調達の成否に大きく、大きく影響してきます。

②　クラウドファンディングの仕組み

　クラウドファンディング実施者は、事業者が運営しているプラットフォーム上に、「このようなプロジェクトを企画しています。そのための資金として○○円が必要です」という内容のプロジェクトページを立ち上げます。事業者は、独自の基準に則って申請されたプロジェクトの審査を行い、審査に合格したプロジェクトのみが一般に公開されることになります。

　支援者は、公開された多数のプロジェクトの中から自分が応援したいと思えるプロジェクトを探します。サイト上には、支援する金額に応じて、リターンの内容も掲載されているので、支援しようと思う金額を選んでボタンを押し、支援を実行します。

　プロジェクトの掲載期間が終了すると、事業者は集まった支援金の中から、所定の手数料を差し引いた金額を実施者に送金します。目標額が集まらなかった場合、クラウドファンディングのタイプによっては、プロジェクトは「不成立」となり、支援金は実施者に送金されず支援者に返金されます。

　実施者は、支援してもらったお礼として、あらかじめサイト上で約束していたリターン（商品やサービスなど）を、支援者に提供します。また実施者には、クラウドファンディングで集めた資金を使って、プロジェクトを実行する義務が発生します。

【クラウドファンディングの仕組み】

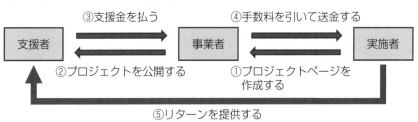

> ☞ **POINT**
> ●資金を募る人（会社）のことを、クラウドファンディングの実施者といいます。
> ●プロジェクトに資金を出す人（会社）のことを、クラウドファンディングの支援者といいます。
> ●クラウドファンディングのプラットフォームを運営する会社を、クラウドファンディングの事業者といいます。

⑷　クラウドファンディングのメリット・デメリット

　なぜ今クラウドファンディングが注目を集めているのでしょうか。それは、実施者にとっても支援者にとっても、双方にとって大きなメリットがある win-win の仕組みになっているからです。

　もちろん、クラウドファンディングもいいことづくめではありません。ここでは、実施者側と支援者側それぞれの目線で、メリットとデメリットをみていきましょう。

①　クラウドファンディング実施者のメリット

ⅰ）　資金調達の可能性が広がる

　中小企業の資金調達といえば、金融機関からの融資が一般的ですが、必要なときにいつでも必要な資金が借りられるとは限りません。赤字決算が続いている場合や、決算書の自己資本比率が低い場合には、融資のハードルはどうしても高くなってしまいます。会社としては巻き返しを図るための新規事業なのに、過去の実績が悪いと赤字補填のための融資とみなされたり、事業計画は信頼できないと判断されたりするのが現実です。金融機関は、貸したお金の回収可能性が高いかどうかで融資の可否を判断するためです。

　そこで、成功の確率は低いけれど、成功した場合は莫大なリターンが期待できる、もしうまくいかなくてもプロジェクト自体に夢がある、というような類のビジネスモデルの場合は、既存の金融機関よりもクラウドファンディングのサイト上で広く呼び掛ける方が、資金は集まりやすいといえます。

　融資だけではありません。クラウドファンディングを利用すると、未上場のベンチャー企業が、広く株主を募集することも可能です。これまで IPO といえば、一部の限られた企業にしかできないイメージでしたが、アイディアと熱意があれば、誰でもチャレンジできる可能性が広がっているのです。

ⅱ)　プロジェクトを告知することができる

　SEO 対策など PR に使える資金を潤沢にもっている中小企業は、多くはありません。一方で、クラウドファンディング事業者は、多額の資金を投下して自社のプラットフォームを整備しており、その市場規模は約 1,326 億円（2019 年現在、寄付型、購入型、投資型の合計。三菱 UFJ リサーチ＆コンサルティング「クラウドファンディング（購入型）の動向整理」より）といわれています。

　クラウドファンディングを利用すれば、毎日プラットフォームをのぞきにくる何万人というユーザーに、自社の商品やサービスの情報を届けることができ、ファンとなって応援してくれるコアなお客さまを獲得できるという効果が期待できます。ある意味、資金調達以上の価値があるといえるかもしれません。

　寄付型クラウドファンディングの場合も、個人や団体が行っている社会的意義のある活動を告知することで、いま困難な状況にある人々の現状を、広く世の中に知ってもらうことができます。資金的な応援はできないけれど、プロジェクトのメンバーに加わりたいというオ

ファーがあったり、似たような活動をしている団体から連絡があったりなど、クラウドファンディングのプラットフォームを通じて、社会貢献の輪を広げることも可能です。

②　クラウドファンディング支援者のメリット

ⅰ）　気軽に参加できる

　　クラウドファンディング事業者のサイトには、たくさんのプロジェクトが公開されており、遠く離れた海外の団体や、普通なら触れ合うこともない地方の会社、本来なら参加することのできない大型プロジェクトにもアクセスできます。

　　社会貢献活動をしたいのだけど、日々の生活に追われて結局何もできないという人が、気になっているプロジェクトや困っている人を選んで支援することで、世の中の役に立っているという喜びを感じることができます。

　　金額も千円程度の少額なものから用意されているので、負担感を感じることなく、スマホのタップひとつで送金できる手軽さも魅力です。

ⅱ）　特別なリターンが得られる

　　社会的意義のあるプロジェクトに参加して社会に貢献したい、という想いが根底にあるとはいえ、金銭的なリターンやクラウドファンディングでしか入手できない特別なリターンを得られるのも、支援者にとっては大きなメリットです。

　　寄付型クラウドファンディングでは、遠い海外で暮らす貧しい子供たちからお礼の手紙をもらったり、購入型クラウドファンディングでは社会的価値の高い新商品の開発に関わったり、その商品が市場に出る前にいち早く手に入れたりすることもできます。

　　投資型クラウドファンディングでは、本来なら市場に出回らない未

上場株式を購入したり、高利回りのファンドを購入したりなど、多種多様な投資に少額からチャレンジできるのも魅力です。

③ クラウドファンディング実施者のデメリット

ⅰ) コストがかかる

事業者に対して、決して安くない手数料が発生します。ちなみに業界大手の READYFOR、CAMPFIRE および Makuake の手数料は、下記の表のとおりです。

事業者	手数料
READYFOR	集まった金額の12％＋決済手数料5％（フルサポートプランの場合）
CAMPFIRE	集まった金額の12％＋決済手数料5％
Makuake	集まった金額の20％（決済手数料含む）

また、All or Nothing 方式（31ページ参照）で目標金額を達成した場合や All in 方式（32ページ参照）の場合は、支援者にお礼の品物を送らなければなりません。発送費や発送にかかる人件費など、それなりの金額を想定しておく必要があります。特に All in 方式の場合は、たとえ目標金額を達成しない場合でも、リターンは履行しなければならないので、あらかじめその分の予算を確保しておかなければなりません。

ⅱ) 手間がかかる

支援者の共感を得るためには、魅力的なプロジェクトページが必須ですが、他のプロジェクトと差別化を図るための文章や画像・動画を作成するには、想像以上の時間と手間がかかります。自分でつくれないからといって外注すると、もちろんその費用が発生することになります。

　プロジェクトが公開された後も、毎日のように文章や画像を追加するなど、工夫をこらして注目を集めていかないと、その他の数多くのプロジェクトに埋れてしまいます。募集期間中は、クラウドファンディング専属のスタッフを配置するぐらいの気合いが必要ですが、その分の人件費も予算に計上しておかなければなりません。

iii)　やり直しがきかない

　いったんプロジェクトが公開されると、募集期間中はもちろんのこと、目標額を達成したかどうかにかかわらず、自由にサイトから削除することはできません。軽い気持ちで、自分のブランディングに合わないような企画や、あとで後悔しそうな内容のプロジェクトを掲載してしまった場合でも、その情報はいつまでもネット上に残り続けることになります。

　また、All or Nothing 方式で目標金額を達成した場合や All in 方式の場合、いったん公開されたプロジェクトは、必ず実行しなければなりません。あとで内容を変更したり、キャンセルしたりできないのも、クラウドファンディングのデメリットといえます。

④　クラウドファンディング支援者のデメリット

i)　プロジェクトが実行されない可能性がある

　All or Nothing 方式のクラウドファンディングでは、せっかく支援しても、目標金額に届かないと、その募集はキャンセルとなり、プロジェクトが実行されることはありません。また、いくつものプロジェクトの中から、吟味に吟味を重ねて選んだリターンが届くこともありません。

　プロジェクトがキャンセルになれば、支援したお金は戻ってきますが、実施者の考え方や想いに共感して応援したいと思った純粋な気持

ちは、行き場を失うことになります。

　クラウドファンディングに成功したとしても、財務基盤の弱い中小事業者が実施者の場合は、途中で資金が底をついてしまい、プロジェクトが完了しない可能性もあります。例えば、試作品まではつくったけれど、商品を販売できるレベルまでこぎつけることができなかったというようなケースです。リターンの品物は届かず、払った支援金も戻ってこないという最悪の状況もあり得るのです。

　支援者は、サイト上で事業者の決算状況や財務基盤を確認することができないので、支援すべきかどうかの正確な判断は難しいのがデメリットといえます。

ii）　**支援者側から簡単にキャンセルできない**

　あるひとつのプロジェクトに支援したあとで、興味を惹かれる類似のプロジェクトを見つけたからといって、原則としていったん実行した支援を取り消すことはできません。

　サイト上には、支援者の情感に訴えるような文章や動画が並んでいます。その場の勢いで高額なリターンの商品を購入したあと、冷静になって取り消そうとしても、支援者側の都合でキャンセルしたり、もっと低額のリターンに変更して差額の返金を要求したりすることなどはできない規約となっている場合がほとんどです。

☞ **POINT**

◉金融機関から融資を受けるのが難しいような事業に対しても、多数の人から資金を集めることができます。

◉プラットフォームを通じて、ビジネスに対する会社の想いや商品やサービスの情報をたくさんの人に告知することができます。

◉支援者は、少ない金額で、通常では関わることのできない社会的意義のあるプロジェクトに気軽に参加することができます。

2　なぜ税理士がクラウドファンディングについて知っておくべきなのか

(1)　税理士業界を取り巻く現状

①　税理士は 10 年後に不要になってしまうのか

　オックスフォード大学のマイケル・A・オズボーン准教授らが発表した「雇用の未来」という論文[1] は、私たち税理士に大きな衝撃を与えました。今ある職業の半分が、いずれ AI やロボットに取って代わられるだろうという未来予測図で、そうなる可能性の高い第 8 位が「税務申告書類作成者」だったからです。

　その後、女性セブンという週刊誌が「20 年後になくなる職業 50」を特集[2] し、税理士は見事に（?）29 位に選ばれました。選ばれた根拠は、AI や機械への代替可能性が高い仕事だからということのようです。

　その他のメディアでも、なくなる仕事をテーマにした文脈で、税理士が取り上げられることが増えてきました。税理士という職業に将来性があるとはいえないという危機感は、私たち自身も肌感覚で感じているところだと思います。

　実際、この 20 年で、税理士の仕事は大きくコンピュータに取って代わられました。手書きの帳簿はなくなり、仕訳を入力すれば、自動的に月次の試算表や決算書が完成します。ちゃんとした法人税の知識がなくても、申告書ソフトの「当期利益」に決算書の利益金額を入力すれば、複雑な税額控除は無理だとしても、法人税の申告書が完成し、法人税額や法人住民税、事業税の金額が計算できます。

※1　「THE FUTURE OF EMPLOYMENT：HOW SUSCEPTIBLE ARE JOBS TO COMPUTERISATION ？」（Carl Benedikt Frey and Michael A. Osborne, 2013）https://www.oxfordmartin.ox.ac.uk/downloads/academic/The_Future_of_Employment.pdf

※2　『女性セブン』2018 年 7 月 5 日号

②　自動仕訳ソフトの登場

　最近では、さらに時代は進み、仕訳の入力すら不要な自動仕訳ソフトが登場しています。銀行預金と連動し、初期設定さえ正しく登録しておけば、毎月、会計ソフトが試算表をつくってくれるというわけです。自動化は難しいと思われていた現金払いの領収書も、スマートフォンを使って画像を撮影し、クラウド上にアップロードすれば、会計ソフトと連動してあっという間に仕訳が終了します。

　そのうえ、インターネット上には、「税理士いらず」というネーミングの無料申告書ソフトまで出回り、会計ソフトと連動して、全くの素人でも、別表1、4、5(1)、5(2)など、申告に必要な最低限の書類がつくれる時代になったのです。

③　下がり続ける顧問料の相場

　便利な会計ソフトや申告書ソフトの普及に比例して、顧問先が税理士に支払う顧問料の相場は、どんどん安くなっているのが現状です。インターネットで「税理士」と検索すると、「決算料無料・月額顧問料1万円」「格安顧問料の税理士」などの文言が、ずらりと並んでいます。

　しかし、そんな安価な金額で顧問先と契約すると、利益を確保するために、質より量をこなす必要が出てきます。結果的に、顧問先の会計情報を十分に吟味することもできず、単なる書類の作成業務に追われることになります。税理士自身、研修時間を確保することもできなくなるため、誤った申告をしてしまうリスクも増大していきます。

> ☞ **POINT**
> ● 税理士の仕事は、AI に取って代わられる可能性が高いといわれています。
> ● 自動仕訳をウリにする安価な会計ソフトが普及しています。
> ● 税理士の顧問報酬の相場は、どんどん安くなっています。

(2) 税理士が顧問先から期待されること

① 税理士に残された業務とは

　税理士が単なる書類作成代行業者もしくは税金の計算マシンに甘んじている限り、今後も顧問報酬は下がり続けていくことでしょう。

　大量のデータを正確にさばく能力はもちろんのこと、膨大な法人税の条文や通達、措置法や措置法通達の中から、最も税金の安くなる条文を検索する能力など、人間は到底 AI には勝てないからです。

　AI の時代に税理士が提供できるサービスとして残るのは、AI にはできないこと、生身の人間にしかできないこと…会社の個別事情に応じて、中小企業の社長の相談に乗ることではないでしょうか。

② 社長の相談相手としての付加価値

　経営は羅針盤のない航海と同じです。進むべきか止まるべきか、右へ行くべきか左へ行くべきか、日々の決断の中で、誰にも正解はわかりません。そして中小企業の経営方針は、いい意味でも悪い意味でも、社長個人の性格や考え方に大きく左右されます。全く同じ経営状態で、同じような分岐点に立っていても、社長の人生観によって、正しい（と思われる）結論は変わってきます。

　ある時はコンサルタントとなって、顧問先企業の財務状況を分析し、新規事業を始める体力があるか、いくらまでの融資なら受けられるかな

ど、いわゆる経営アドバイスをするのが、税理士に求められる大事な役割です。時にはコーチとなって、新規事業に進出すべきか、会社規模を拡大すべきか、迷っている社長の背中を押してあげるのは、税理士にしかできない付加価値です。

　またある時はカウンセラーとなり、新規事業が計画どおりに進まず、悩んでいる社長の悩みを聞き、一緒に解決策を模索するという姿勢を見せることで、税理士は会社にとってなくてはならない存在となれるのです。

③　資金繰りの相談に乗れるか

　よくいわれることですが、会社を運営するための三大経営資源は、ヒト・モノ・カネです。つまり社長の経営上の３つの悩みは、労務問題、売上減少、資金不足ということになります。このうち、税理士が関与できるのは、「資金不足」の部分でしょう。

　お金の流れを記録し、仕訳するだけの単純作業の請負から脱却し、資金繰りの不安や経営の悩みについて相談できる唯一無二の存在になることは、税理士の存在意義を高めるキーワードといえます。

　そのためにも、新しい資金調達のツールであるクラウドファンディングについて、その仕組みを知り、的確なアドバイスができるようになることは、いま税理士の急務といえるのです。

```
☞ POINT
●税理士が提供できる付加価値は、会社の個別事情に応じて社長の
　相談に乗ることです。
●税理士が関与できるのは、資金繰りの不安に関する部分です。
●新しい資金調達ツールであるクラウドファンディングの仕組みを
　知っておく必要があります。
```

(3)　なぜ今、クラウドファンディングなのか

①　中小企業の資金調達

　あらためて、税理士の顧問先である中小企業が資金を調達する一般的な方法を確認しておきましょう。

- ⅰ)　株主から出資してもらう
- ⅱ)　金融機関などから融資を受ける
- ⅲ)　代表者や親族から借り入れる
- ⅳ)　売上を上げて内部留保する
- ⅴ)　補助金や助成金を獲得する

　ⅰ)の株主から出資してもらった資金は、資本金として貸借対照表・資本の部に計上されます。ⅱ)やⅲ)の金融機関や代表者から借りた資金は、流動負債または固定負債として、貸借対照表・負債の部に計上されます。ⅳ)の商品やサービスを売って得た資金は売上として、ⅴ)の補助金や助成金は営業外収益として、損益計算書に計上されることになります。

②　返済不要の資金

　ⅰ)の資本金とⅲ)の代表者からの借入、ⅳ)の売上とⅴ)の補助金・助成金は返済不要ですが、ⅱ)の金融機関から借りた資金は、利益の中から返済していかなければなりません。にもかかわらず、皆さんの顧問先を含め

中小企業が圧倒的に依存しているのは、金融機関からの融資ではないでしょうか。その理由としては、次のような事情が考えられます。

- ・中小企業は、株主と代表者が同一人物であるというケースがほとんどで、上場企業のように広く出資を募ることは、難しいということ
- ・資本金や借入金といっても、結局は代表者の個人的な預貯金が原資となっており、個人レベルで出せる資金には限界があるということ
- ・売上を上げて内部留保するといっても、コロナ禍の中、中小企業が十分な利益を出すのは、容易ではないこと
- ・補助金の採択率は、通常 3 割程度にとどまり、その一方で作成する資料は膨大で事務負担が大きく、簡単に手を出せるものではないこと（補助金が入金されるまで、自己資金で立て替えなければならないのも、手を出しにくい原因）
- ・助成金は条件さえ合えば取得できるが、逆にいえば、条件に合わなければ申請することさえできないこと

③　増加する有利子負債の割合

　コロナ禍にあっても、セーフティネット貸付など国や都道府県の制度融資が充実していることもあり、結果として、中小企業の有利子負債への依存度は増すばかりです。

　借りたお金は返済しなければならない。この当たり前の事実が、いま中小企業に重くのしかかっています。そんな中で注目されるのが、クラウドファンディングです。

　クラウドファンディングは、業種や会社規模にかかわらず参加できますし、補助金よりも短期間で目標額が入金されます。また、ファンド型クラウドファンディング（51 ページ参照）を除けば、返済する必要もない資金です。クラウドファンディングを利用するためのプラットフォームも次々に立ち上がっており、ますます使いやすくなっているの

で、新しい資金調達の手段として、これを利用しないという手はありません。

```
☞ POINT
●中小企業の資金調達は、金融機関からの借入に頼っているのが現
  状です。
●クラウドファンディングには、業種や会社規模にかかわらず参加
  できる、ファンド型以外は返済不要などのメリットがたくさんあ
  るので、新しい資金調達の方法として活用すべきです。
```

⑷　クラウドファンディングに適している人やビジネスモデル

すぐにでも新しい資金調達の方法として、クラウドファンディングを顧問先に提案したいところですが、少し待ってください。どの顧問先でも、クラウドファンディングを使えば、簡単に資金調達できるというわけではありません。クラウドファンディングに向いているビジネスモデルや、クラウドファンディングで成功しやすい人には、一定の特徴があります。まずは、クラウドファンディングに適している人やビジネスのタイプを確認しましょう。

①　どんなタイプのビジネスモデルが適しているか

クラウドファンディングに適しているのは、下記のようなビジネスです。

i）　B to Cのモデル

クラウドファンディングは、インターネットを使って不特定多数の人に情報を発信する仕組みなので、やはり一般消費者を対象にしたいわゆるB to Cの商品やサービスとの相性が抜群です。不特定多数の

消費者をターゲットにしたビジネスモデルなら、製造業や小売業、飲食業その他のサービス業など、業種による相性は考える必要はありません。

　建築業や企業向けにサービスを提供しているＢ to Ｂモデルの会社で、プロジェクトの目的である商品やサービスをリターンとして用意できない場合には、多くの人の「この商品を応援したい」という満足感を満たすストーリーをつくるのは難しいので、クラウドファンディング向きではないといえます。

ii）　Ｅコマースで販売できる商品

　クラウドファンディングの主目的は、商品開発のための資金調達ですが、サイト上で商品のスペックやその使い方、コンセプトなどをアピールして支援金を集めるという仕組みは、インターネット上のECサイトに出店するのと同じ効果があります。したがって、Face to Face の対面式でないと販売が難しい商品やサービスよりも、Ｅコマースで販売できるものの方が適しています。

iii）　コンセプトやビジョンが明確な商品

　支援者は単に商品やサービスを購入するだけでなく、その背景にあるコンセプトやビジョンに共感して「応援」してくれるという点で、クラウドファンディングは通常の通信販売とは異なります。支援者の共感を集めるためにも、性能の良さやスペックだけをウリにする商品よりも、社会的弱者の役に立つグッズなど、商品を開発するうえでのコンセプトやビジョンが明確な商品やサービスが適しています。

iv)　新商品や新しいサービスの開発

　社会的意義があり、かつ世の中にまだ存在していない商品やサービスを、シードの段階から育てることに喜びを感じて支援者がお金を投じてくれるのも、クラウドファンディングならではの特徴です。既存ビジネスにテコ入れをするための資金調達ではなく、新しい商品やサービスを開発、販売したいと訴える方が、訴求力ははるかに大きいといえます。

v)　ハイリスク・ハイリターンのモデル

　失敗のリスクは少ないけれど利益率も低いローリスク・ローリターンのビジネスモデルより、成功の確率は高くはないけれど、うまくやり遂げたときは莫大な利益を生む可能性のあるハイリスク・ハイリターンのビジネスモデルの方がクラウドファンディングでの資金調達に適しています。ローリスク・ローリターンモデルの場合は、金融機関から借入も簡単にできますが、ハイリスク・ハイリターンモデルの場合は、保守的な銀行よりも、プロジェクトの内容に共感して支援してくれるクラウドファンディング利用者のハートをつかむ方が、資金調達の可能性が高いからです。

vi)　目標金額が少額な場合と高額な場合

　資金調達の目標額が数十万円と少額な場合や、反対に１千万円を超える金額など高額な目標金額を集めたい場合にも、クラウドファンディングは適しています。少ない金額であれば、それだけクラウドファンディングに成功する確率は高くなります。一方で多額の資金が必要な場合は、金融機関に借入を申し込んでも、売上規模や自己資本の金額と比較して返済が難しいと判断され、融資のハードルは高くなりがちだからです。

vii)　最初のファンを獲得したい場合

　　クラウドファンディング支援者は、お金を払って品物を購入するだけの、単なるお客さまではありません。初期の開発段階から意見を寄せたり、開発のプロセスを見守ることで、深い愛情や愛着が生まれ、その商品やサービスに対するコアなファンになってくれる存在です。クラウドファンディングを利用して、最初のファン獲得を目指そうという場合や、ファンを育てていくことで、利益が生まれるタイプのビジネスモデルが適しています。

viii)　試作品の販売やテストマーケティング

　　プラットフォームにもよりますが、支援者の年齢層や男女別、住んでいる場所などのデータがとれるので、本格的な販売前のテストマーケティングに適しています。また、支援者からのコメントやメッセージで率直な意見を聞いて、商品を改良したり、ターゲットを修正したりできるので、試作品の販売にも向いています。

☞ **POINT**

どんなビジネスモデルがクラウドファンディングに適しているか

◉企業相手のＢ to Ｂタイプより、一般消費者を対象にしたＢ to
　Ｃタイプのものが適しています。

◉対面式でないと販売が難しい商品やサービスよりも、EC サイト
　上で販売できるものの方が適しています。

◉性能やスペックだけをウリにする商品よりも、コンセプトが明確
　な社会的意義の高いプロジェクトが適しています。

◉既存の事業より、新商品の開発など新規事業の方が適していま
　す。

◉ローリスク・ローリターンのビジネスモデルより、ハイリスク・
　ハイリターンのビジネスモデルの方が適しています。

◉目標金額が小さい場合や、反対に会社の規模と比べて高額な資金
　を調達したい場合に適しています。

◉最初のコアなファンを獲得したい場合に適しています。

◉コメント欄などで支援者の生の声が聞けるので、テストマーケ
　ティングや試作品の販売に適しています。

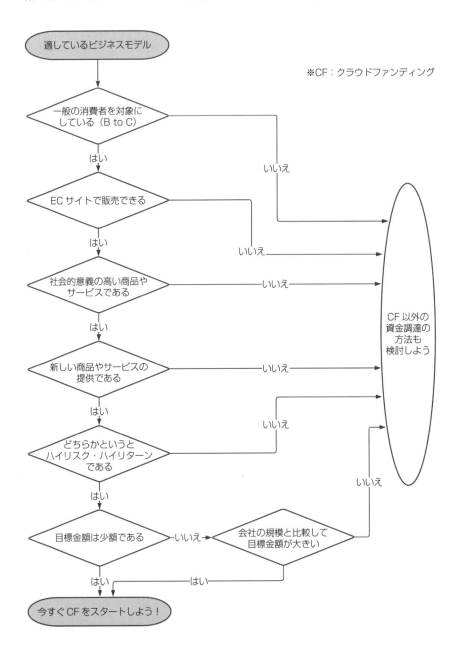

②　どんなタイプの会社が向いているか

i)　SNS 上にコミュニティを持っている会社

　　インターネットが苦手な会社より、得意な会社の方が向いているのは当然として、いわゆる SNS をやっていない会社よりも、普段から SNS を使ってまめに情報発信し、自分のファンやコミュニティを持っている人や会社の方が向いています。

　　目標金額を達成するためには、ブログや Facebook や Twitter、Instagram などを通じて、「今こんなプロジェクトで、クラウドファンディング中です」と呼びかけて、たくさんの人にアプローチすることが必要です。クラウドファンディングのためになるからといわれて、急に SNS を始めても、大きな効果は望めません。

　　支援者に共感してもらうためには、それが「どんなプロジェクトなのか」も大切なポイントですが、むしろ「誰がやっているプロジェクトなのか」が問われる側面の方が大きいからです。

　　クラウドファンディングには、成功するための「3 分の 1 の法則」と呼ばれるものがあります。3 分の 1 の法則とは、次のようなものです。

　　・自分の友達や知人から 3 分の 1 を集める

　　・友達・知人のさらに友達・知人から 3 分の 1 を集める

　　・全く知らない他人から 3 分の 1 を集める

　　自分の知り合いから応援してもらえないような人では、そもそもクラウドファンディングで他人から共感してもらうことはできません。とはいえ、知り合いだけで多額のお金を集めるのは、やはり無理があります。そこで SNS がキーになってきます。友人や知人が各自の SNS 上でプロジェクトの紹介をしてくれることで、その情報は友達の友達にまで拡散していくというわけです。

ii）　クラウドファンディングに専念できる余裕のある会社

　全く知らない他人からの支援を集めるためには、募集期間中、プラッ
トフォームサイトのトップページにいられるように、実施者自身の相
当の努力が必要です。募集を始める前はもちろんのこと、公開後も告
知ページを更新できるサイトでは、募集期間中にわたってクラウド
ファンディングに集中できる時間的余裕が実施者本人にあるか、また
は従業員の誰かをクラウドファンディングに専念させる余裕がある会
社の方が、成功の可能性は高くなります。

iii）　文章や動画の作成が得意な会社

　クラウドファンディング支援者は、プラットフォームに掲載されて
いる情報だけで、応援したい会社かどうかを判断します。どんなに素
晴らしい商品やサービスだとしても、その魅力を伝えるスキルがなけ
れば、共感を集めることはできません。支援者の注目を集める魅力的
なプロジェクトページをつくるためには、プロジェクトにかける想い
やコンセプトを上手に表現する文章力のある人や、画像や動画を使っ
たプレゼンテーションに長けている人の方が、クラウドファンディン
グに向いているというわけです。

iv）　メンタルの強い人

　できるだけ多くの共感を得るためには、インターネットの世界に生
息する顔の見えない多数の人々に向けて、自分の存在や考え方を徹底
的にさらけ出す必要があります。インターネット上には、あらゆる意
見や思想の人がいるので、批判的なコメントを書き込まれ、不快な気
持ちになる可能性も想定しておく必要があります。一度スタートした
プロジェクトは、目標額の達成に成功したか否かに関係なく、自分の
意思で自由にサイトから削除をすることはできません。どのような結

果になったとしても仕方ないと割り切れる強いメンタルの持ち主の方が、クラウドファンディングに向いているのは間違いありません。

☞ **POINT**

どんなタイプの人や会社が向いているか

●インターネットの得意な人の方が向いています。

●日頃から SNS をやっていて、ファンやコミュニティを持っている人の方が向いています。

●クラウドファンディングに専念できる時間的余裕のある人の方が向いています。

●文章力がある人の方が向いています。

●画像や動画を使ったプレゼンテーション能力のある人の方が向いています。

●批判されても気にとめないメンタルの強い人の方が向いています。

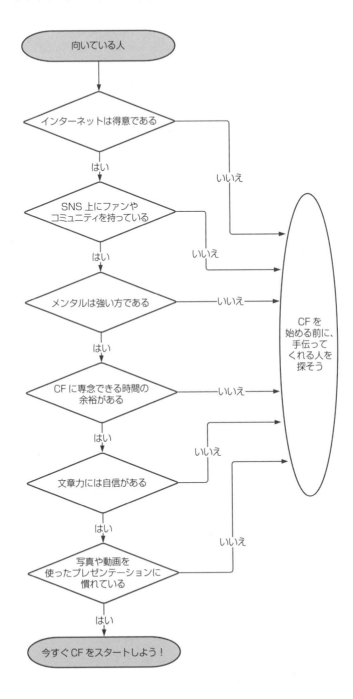

3　クラウドファンディングの２つの方式

(1)　All or Nothing 方式と All in 方式

①　募集期間と目標金額

　クラウドファンディングを始めるにあたっては、実施者が調達したい金額と支援金を募集する期間を設定します。サイト上には、実施者が企画したプロジェクトの内容はもちろんのこと、いつまでにいくらの金額を集めたいかという「募集期間」と「目標金額」が表示されます。この「募集期間」と「目標金額」は、クラウドファンディングの成否を握る重要なファクターです。

　実施者からすると目標金額は多いに越したことはありませんが、プロジェクトの内容に比べて多額だと思われると、支援者の共感を得ることができません。反対に低く設定しすぎてしまうと、本当に必要な金額を集めることができず、せっかく目標額に達しても資金不足を解消することができません。設定された目標金額は、資金調達のベンチマークとなるので、目標額を超えた時点で、支援者には「これだけ集まったから十分」だと思われ、それなりの金額しか集まらないという結果に終わりがちなのです。

　募集期間の設定も慎重に考える必要があります。掲載期間が短すぎたために、目標額が達成できないという可能性もありますが、長くしたからといってその分、たくさんの支援金が集まるわけではありません。また、クラウドファンディングが終了して、実際に支援金が振り込まれるまでは、通常１〜２か月かかります。募集期間を長くとりすぎると、それだけプロジェクトのスタートが遅れることになります。

②　All or Nothing 方式とは

　All or Nothing 方式とは、募集期間が終了するまでに目標金額を達成

した場合に限り、集まった支援金を受け取れる仕組みのことをいいます。

　目標額に到達しなかった場合、支援者がすでに振り込んだ金額はキャンセルされ、支援者の口座に返金されることになります。結果的に、支援者に負担が発生することはありませんし、実施者側にも原則として手数料はかかりません。

　ただし、クラウドファンディングの種類や選んだサービスの内容によっては、目標額の達成にかかわらず、手数料が発生する場合があるので注意が必要です。支援金は1円も受け取れず、手数料だけ支払わなければならないことになるので、契約内容をよく確認しておきましょう。

　クラウドファンディング実施者は、プロジェクト終了後に支援者へリターンを提供しなければなりませんが、All or Nothing方式の場合は、目標金額に達しなければリターンを履行する義務もキャンセルされます。目標金額に到達した場合はプロジェクトを実行する義務が生じますが、達成できなかった場合はプロジェクトを継続するかしないか、実施者側が自由に決めることができます。

③　All in方式とは

　クラウドファンディングでは、設定した募集期間内に必ず目標金額を達成できるという保証はありません。前記のAll or Nothing方式の場合、支援者たちの共感を得ることができず、目標金額が集まらなければ、募集期間の終了と同時にクラウドファンディングは終了し、せっかく集まった支援金は支援者に返金されます。

　All in方式とは、最終的に目標額に到達しなかった場合でも、1円以上の支援があった時点で、クラウドファンディングが達成したと取り扱われ、期間終了までに集まった金額を受け取れる方式のことをいいます。

　たとえ目標額をはるかに下回る資金しか集まらなかったとしても、サイト上で公開したプロジェクトは、必ず実施しなければなりません。ま

た、支援者に対するリターンを履行する義務も発生します。

④　目標額を上回った場合

　購入型クラウドファンディングや寄付型クラウドファンディングの場合は、All or Nothing 方式、All in 方式どちらの場合でも、目標金額を超えた時点で募集が終了するというわけではありません。プラットフォームによって異なりますが、募集期間内であればセカンドゴールを設定して、さらに多くの支援金を集めることができます。

　ただし、投資型クラウドファンディングの場合は、株式やみなし有価証券の募集を行うことになるので、金融商品取引法や関連する法令、自主規制の縛りを受けるため、上限金額に到達した時点でその募集は締め切られます。

【All or Nothing 方式と All in 方式の比較】

	All or Nothing 方式	All in 方式
クラウドファンディングの成立	目標額を達成した時点	1円以上の支援金があった時点
支援金の受取	目標額を達成した場合に限り受け取れる	目標額達成の有無にかかわらず、集まった支援金を受け取れる
プロジェクトの実行	目標額を達成した場合に限り実行義務が発生する	目標額を達成しなくても、実行しなければならない
リターンの提供	目標額を達成した場合に限り履行義務が発生する	目標額を達成しなくても、履行しなければならない
手数料の発生	目標額を達成した場合に限り発生する（例外あり）	支援金に応じて発生する

> ☞ **POINT**
> ● クラウドファンディングには、All or Nothing 方式と All in 方式の２種類のタイプがあります。
> ● All or Nothing 方式では、目標額を達成した場合に限り、集まった支援金を受け取ることができます。
> ● All in 方式では、目標金額達成の有無にかかわらず、集まった支援金の全部を受け取ることができます。

(2) All or Nothing 方式のメリット

① 実施者側の真剣度が違う

　目標金額に到達しないと１円も支援金を受け取れないのが、All or Nothing 方式の最大の特徴です。そんなイチかバチかの方法をあえて選ぶ最大のメリットは、実施者側にも支援者側にも、常に緊張感がともなう点にあります。

　実施者としては、目標額に届かなければ１円も入ってこないわけですから、なんとしてもクラウドファンディングを成功させようという気合いが入ります。

　クラウドファンディングが市民権を得るにつれ、プラットフォームの数もプラットフォーム上に掲載されるプロジェクトの数も、増える一方です。魅力的なプロジェクトではないと判断されると、支援者からそっぽを向かれ、その他多数のプロジェクトの中に埋没してしまいます。一方で、掲載されるや否や注目を浴びるプロジェクトや、支援金額がたくさん集まっているプロジェクトは、サイトのトップページに表示されるので、さらに多くの人の目にとまり、より多くの支援者の興味をひき、目立てば目立つほどまた支援金が集まるというプラスのサイクルが実現します。

　そのため実施者も必死にならざるを得ません。プラットフォームによります※が、募集期間中、毎日のように文章を追加したり、写真や動画を駆使したりして、プロジェクトの魅力をこれでもかと発信し続けることが求められます。結果として、目標額を達成できる確率が高くなるというわけです。

※　一度公開したプロジェクトは実施者が編集できないものもあります。

②　支援者側の気持ちが違う

　じつは支援者側も、目標に到達できなければ実施者は1円も獲得できないことがわかっているので、そのプロジェクトを応援しなければ…という気持ちが高まります。実際、クラウドファンディングで最も支援金が集まりやすいのは、掲載期間の最後の5日間だといわれています。どのサイトにも「もうすぐ終了」や、「あとひと押しのプロジェクト」などのボタンがついていて、応援しようかどうしようか悩んでいる人の背中を押してくれるのも、All or Nothing方式ならではのメリットといえます。

　また、目標金額に到達しなければプロジェクトが成立しないということは、必要な資金を獲得してからプロジェクトがスタートするので、結果的にプロジェクトそのものが成功する確率が高まるということになります。自分が応援したプロジェクトが途中で頓挫するのは、クラウドファンディング支援者にとっても望ましい状況ではありません。目標額をしっかり確保してから事業を始められるAll or Nothing方式の方が、支援者にとっても安心して支援できるというわけです。

☞ **POINT**

◉ All or Nothing 方式だと、実施者が真剣に取り組まなければならないという気合いが入るので、それだけ成功率が上がります。

◉支援者側も、そのプロジェクトを応援しなければ、という気持ちが高まります。

◉目標額に到達しなければ資金を受け取れないので、プロジェクトそのものの成功率も上がり、支援者も安心して資金を出すことができます。

(3)　All or Nothing 方式のデメリット

①　支援金を1円も受け取れない

　All or Nothing 方式のデメリットは、なんといっても、目標金額を達成しないと支援金を受け取れないことです。募集期間内に、たとえ1円でも不足すると、クラウドファンディングは不成立となります。

　中小事業者の多くが、潤沢な事業資金を確保できずに、クラウドファンディングに活路を見いだしているのが現実です。事業資金が不足する理由はさまざま考えられますが、既存事業の業績悪化にともない、内部留保ができていないという会社は少なくないはずです。現状を打開するために新しい事業を企画しても、新規事業を立ち上げる体力が会社に残っていないケースや、既存事業のため過去に受けた銀行融資の残高が決算書の評価を大きく毀損しており、素晴らしいアイディアを思いついたとしても新規の融資を受けることができないというケースなどが考えられます。

　最後の望みをかけてクラウドファンディングに挑戦したという会社にとっては、もはや資金調達の術がないという状況に陥る可能性があります。

②　プロジェクトそのものをスタートできない

　銀行融資など最初からアテにしていない、クラウドファンディングに成功しなかったら自己資金でまかなえばよいという会社は、かなりの少数派です。All or Nothing方式のクラウドファンディングに失敗すると、企画していた新規プロジェクトそのものをあきらめるしかない、という会社の方が多いのではないでしょうか。

　そのため、目標金額の達成を何よりも優先させ、本当に必要な金額よりも大幅に少ない金額を設定しようというマインドになりがちです。クラウドファンディングには成功しても、途中で事業を継続する資金が不足してしまい、最終的にそのプロジェクトが失敗するリスクを避けることはできないのがデメリットといえます。

③　支援者もリターンがもらえない

　All or Nothing方式では、支援者はせっかく応援しようと思ったプロジェクトが目標金額に到達しなければ、リターンがもらえません。クラウドファンディングのサイト利用者は、プロジェクトの趣旨に賛同し、この会社を応援したいという純粋な気持ちから応援する人ばかりとは限りません。応援の気持ちよりも、プロジェクトのリターンが魅力的だからとか、欲しい商品だからという理由でお金を払う人もたくさんいます。クラウドファンディング実施者も、そういうタイプの支援者にアピールするため、クラウドファンディングでなければ手に入らない商品を用意したり、特典をつけたりするのです。

　どのサイトでも、目標金額と現在の調達金額は一目でわかるように表示されています。興味を惹かれるリターンだったとしても、目標金額に到達しそうもない状況が見えてしまうと、このプロジェクトを応援しても仕方ないという気持ちになりがちなのが、All or Nothing方式のデメリットといえるでしょう。

> ☞ **POINT**
>
> ● All or Nothing 方式では、目標金額に到達しないと支援金は1円も受け取れません。
>
> ● クラウドファンディングに失敗すると、プロジェクトそのものをスタートできない可能性があります。
>
> ● 支援者側も、リターンがもらえそうもないと判断すると、応援しようという気持ちになりにくいといえます。

(4)　All in 方式のメリット

①　目標額を達成しなくても、集まった支援金がもらえる

　All in 方式のメリットは、目標金額を達成できなくても、集まった支援金は手数料を差し引いた全額が受け取れることです。

　クラウドファンディングが一般に普及し、誰でも「クラウドファンディングでもやってみようか」と気軽に参加できるようになった結果、インターネット上には数多くのプロジェクトが存在しています。例えば、業界最大手といわれる CAMPFIRE では、月に 1,000 ～ 1,500 件の新しいプロジェクトが公開されています。

　クラウドファンディング事業者として参入する企業も年々増加し、プラットフォームの数も増える一方です。クラウドファンディングに相当の時間と手間をかけた実施者だけが、たくさんの共感を得て目標額を達成できるのです。そこまでの余裕がないという小規模な会社にとっては、目標額に届かなくても支援金がもらえる All in 方式の方がチャレンジしやすいといえます。

②　クラウドファンディングだけに集中しなくても大丈夫

　たくさんの支援金を集めるためには、スタート前から時間をかけて魅

力的なプロジェクトページを作成したり、SNS などで PR したりする必要があります。また、プラットフォームにもよりますが、募集期間中は目標額達成を目指して追加の説明記事や動画を追加するなど、会社の資源を集中してクラウドファンディングに投下し続けることが求められます。

　起業したばかりの小さな会社や、既存事業の業績がふるわず新規事業に活路を見いだそうと考えている会社には、他にやらなければならないことがたくさんあり、クラウドファンディングだけに人材と時間を注ぎ込むことはできない、というのが現実です。

　その点、All or Nothing 方式と違って、目標金額に到達しなくても確実に支援金を受け取れる All in 方式であれば、安心してクラウドファンディングにチャレンジすることができます。

　All or Nothing 方式のように、クラウドファンディングの成功を第一に考えて、必要な金額以下に目標額を抑える必要もありません。自社が本当に必要とする資金を目標額にできるのも、All in 方式のメリットです。

③　支援者は必ずリターンがもらえる

　All or Nothing 方式のように、せっかく支援金を払ったのに、クラウドファンディングが成立しなかったため、リターンがもらえないということがありません。All or Nothing 方式で不成立となった場合、支援者が払ったお金は戻ってきますが、応援したいと思った気持ちは行き場を失ってしまいます。

　その点 All in 方式では、自分が応援したプロジェクトが確実に実施され、リターンが受け取れることが保証されているので、資金の集まり具合に左右されることなく、このプロジェクトを応援したいという素直な気持ちだけで支援するプロジェクトを選ぶことができます。

> **☞ POINT**
> ●目標額を達成しなくても、集まった支援金の全額（手数料差し引
> 　き後）を受け取ることができます。
> ●クラウドファンディングだけに全精力を集中しなくても、チャレ
> 　ンジできます。
> ●確実にリターンが受け取れるので、支援者も安心して応援できま
> 　す。

(5)　All in 方式のデメリット

①　目標額が集まらなくても、プロジェクトやリターンを実行しなければならない

　1円でも支援金が集まると、クラウドファンディングが成立したと取り扱われるので、プロジェクトを実施する義務が発生しますし、支援者に対するリターンも提供しなければなりません。

　多くのプロジェクトに埋もれてしまい、目標額の半分以下だったり、極端なことをいえば1割程度などと、目標金額を大きく下回ることも想定しておかなければなりません。予定していた金額が集まらなかった場合でも、リターンを提供しなければならないというのは、実施者にとっては大変なリスクです。プロジェクトのために用意しておいた自己資金を、本来の目的である事業ではなく支援者へのリターンに使わなければならない、という本末転倒な事態になる可能性すらあるのです。

　そのため、事業者側の審査も、All or Nothing 方式より、All in 方式の方が厳しくなるのは当然といえます。例えば、業界大手の READYFORでは、All in 方式は原則として税制上の寄付金控除の適用対象である団体や上場企業などに限定され、その他の会社の場合はプロジェクトの実施やリターン提供のための原資が別途確保されているかなど厳密な

チェックが行われます。

② 実施者の本気度が支援者に伝わらない

　All in 方式だと締め切り効果を使って追い上げるパターンになりにくいのもデメリットといえます。そのため、公開直後に資金が集まらないと、All or Nothing 方式のように最後の数日間で挽回するチャンスがないので、そのままズルズルと募集期間の終了を迎えてしまいがちです。実施者の方も、ハナから必死になって集金のためにアピールをするというマインドになっていないので、目標額を調達できない可能性が高くなりがちなのです。

　支援者の側も、実施者の本気度や熱気を感じにくいため、よほど共感できるプロジェクトでなければ、応援しようという気持ちになりにくいといえます。

☞ **POINT**
- ◉予定していた支援金が集まらなくても、プロジェクトを実施しなければなりません。
- ◉たとえ資金不足に陥っても、リターンの提供を履行する義務は免れません。
- ◉実施者の本気度や熱意が支援者に伝わりにくい傾向にあります。

(6)　どちらの方式を選ぶべきか

① All or Nothing 方式が向いているケース

ⅰ)　目標額を達成できないとプロジェクトが成立しない場合

　　新店舗をオープンするなど一定の金額を集めないと実施できないプロジェクトや、目標額を集めないと製作できない商品をリターンとし

て企画している場合は、All in 方式より All or Nothing 方式の方が向いています。

　例えば、店舗をオープンするために必要な資金 1,000 万円は確保したもののコロナ対策のためにさらに 300 万円が必要になったというケースや、次章の事例で説明するような新商品の金型をつくるために最低 500 万円は必要というようなケースが、これに該当します。

ii）SNS を使った活動実績がある

　インターネット上で資金を集めるというクラウドファンディングの性質上、Facebook や Twitter、Instagram などの SNS や、ブログ、メルマガなどを使って情報を拡散していく必要があります。単にクラウドファンディングのプラットフォームに載せるだけでたくさんの支援金が集まるほど、甘い世界ではありません。

　それでは…と、クラウドファンディングのためにあわてて Facebook や Twitter を始めても、なかなか効果は生まれません。クラウドファンディング以前から SNS 上でネットワークを形成しておけば、ファンの人たちが「こんな素晴らしい取り組みが始まります」などと自分の周りの人に紹介してくれることで、インターネット上での露出がさらに増えていくのです。

　そのため、日ごろから SNS で自社の取り組みなどを常に発信していて、ファンをたくさん抱えている会社の方が、クラウドファンディングに向いています。目標額に 1 円でも届かないと支援金をもらえない All or Nothing 方式は、特に締め切り間際になって応援してくれるファンをネット上にたくさん抱えている法人や個人の方が向いているといえます。

iii)　クラウドファンディングに専念できる

　プラットフォームにもよりますが、目標金額を達成するためには、募集期間中、特に終了間際になると、説明記事や動画、写真を追加したりして、常にプロジェクトページを更新する必要があります。少なくとも魅力的なプロジェクトページを作るために、募集前の準備段階からクラウドファンディングに専念できる時間的余裕があるか、またはスタッフを専念させる余裕のある会社でないと、All or Nothing 方式で成功するのは難しいといえます。

②　All in 方式が向いているケース

i)　支援金の多少にかかわらず、プロジェクトが実施できる場合

　All in 方式は、すでにプロジェクトの実施やリターンを提供するための最低限の資金は調達できているのだけれど、できれば追加で余裕資金が欲しいという場合や、目標の資金が集まらない場合は、集まった金額に応じてプロジェクトの内容は変えずに規模だけを縮小できるような場合に向いています。

　例えば、1,000 人規模の大規模会場を借りてイベントを行う企画だったが、資金に応じて小さな会場に変更して開催するというケースが、これにあたります。

ii)　テストマーケティングとして活用する場合

　クラウドファンディング本来の目的は資金調達ですが、無料でテストマーケティングができるというのも、大きな魅力のひとつです。クラウドファンディングの期間を通じて、たくさんの人からコメントをもらうことで、一般の人が新商品やサービスに対してどのような反応を示すか、どの部分に興味を示すのかがわかりますし、どのような属性の人の共感を得られるかを分析することもできるからです。

iii)　PR のメディアとして活用する場合

　　クラウドファンディングのプラットフォームには、毎日たくさんの利用者が訪問します。自社の EC サイトやホームページに載せるよりも、はるかにたくさんの人の目に触れる機会を増やすことができ、無料で莫大な宣伝効果を得ることが期待できます。例えば、2020 年にREADYFOR で行われた「『がん』を予防するワクチンがあることを、みんなの当たり前に！」※では、プロジェクトによって制作されたウェブサイトを 6 万人以上の人が訪問しています。直接支援金には結びつかなかったとしても、実施者の目標であった「がんを予防するワクチンがあることを知ってもらう」ことが、クラウドファンディングによって達成できた例といえます。

　　All in 方式は、新商品の開発やプロジェクトの実行は決まっているので、マーケティングや PR の媒体としてクラウドファンディングを利用したいという場合に向いています。

※　このプロジェクト自体は All or Nothing 方式で行われました。

iv)　ストレスに耐える自信がない人

　　見落としがちなポイントですが、あまりストレス耐性の強くない人（法人の代表者）は、All in 方式の方がおススメです。All or Nothing 方式では、クラウドファンディングに失敗するかもしれないという緊張感に常にさらされることになり、募集期間中は想像以上のストレスがかかります。毎日パソコンを開くのが怖い、という気持ちになる可能性もあります。目標金額を達成するまでは、想像以上のストレスがかかるということを覚悟しておかなければなりません。

☞ **POINT**

◉ All or Nothing 方式は、SNS 上で実績のある法人や個人に向いています。

◉ All in 方式は、すでにプロジェクト実施のための最低限の資金を確保できている場合に向いています。

◉ストレス耐性の強くない人（代表者）は、常に緊張感にさらされる All or Nothing 方式より、All in 方式の方が向いています。

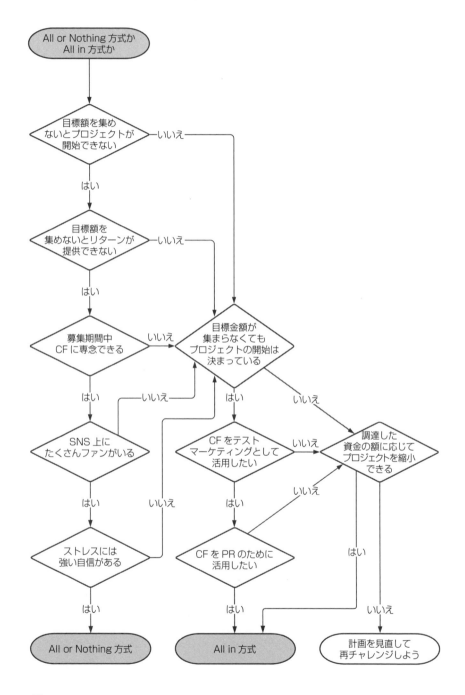

4 クラウドファンディングの３つのタイプ

(1) クラウドファンディングをタイプ別に分ける

① クラウドファンディングの３つのタイプ

クラウドファンディングは、資金を集める目的やリターンの種類に応じて、次の３つのタイプに分けられます。

ⅰ) 購入型クラウドファンディング

ⅱ) 投資型クラウドファンディング

ⅲ) 寄付型クラウドファンディング

---

② 購入型クラウドファンディングとは

購入型クラウドファンディングの特徴は、支援者が金銭以外のモノやサービスなどのリターンを受け取れるという点にあります。資金を集めるためにクラウドファンディングを行うという点において寄付型と見た目は同じですが、純粋に活動資金を集めるのが目的の寄付型と異なり、購入型は実施者と支援者の間で交わされた売買契約に基づく商取引ということになります。

【購入型クラウドファンディングの仕組み】

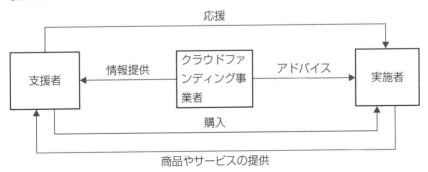

　主な購入型のクラウドファンディングには、次のようなサイトがあります。

【主な購入型クラウドファンディングのプラットフォーム】

READYFOR
CAMPFIRE
Makuake
Kibidango
GREEN FUNDING
MOTION GALLERY
ACT NOW
WonderFLY
A-port
machi-ya
未来ショッピング
ENjiNE

【購入型クラウドファンディングの例】

上田慎一郎監督による長編映画『カメラを止めるな！』（仮）への製作上映支援プロジェクト！ https://motion-gallery.net/projects/ueda-cinemaproject ①　プラットフォーム　MOTION GALLERY ②　概要 　上田慎一郎監督による長編作品『カメラを止めるな！』（仮）の製作にあたり、制作費、国内外の映画祭エントリーのための字幕制作、さらに単独上映への活動資金を支援するプロジェクトです。 ③　目標金額　1,000,000円 　（調達金額　1,569,000円：支援者の数162人） ④　クラウドファンディングのタイプ　All in 方式 ⑤　アピールポイント

i) 映画『カメラを止めるな！』（仮）のあらすじとキャスト
ⅱ) 上田慎一郎監督の写真とメッセージ
ⅲ) 上田慎一郎監督の過去作品の紹介動画
ⅳ) キャストのプロフィール紹介
ⅴ) 募集するお金の使い道についての説明
　映画製作合計予算 1,900,000 円※のうち、今プロジェクトにて 1,000,000
円を目指す。
　※編注：プロジェクト起案当時の予算（実際の製作費は異なる）
ⅵ) リターンについて説明
　ア) 500 円　映画の制作日記
　イ) 3,000 円　映画制作日記＋映画上映チケット1枚
　ウ) 5,000 円　映画制作日記＋映画上映チケット2枚
　エ) 10,000 円　映画制作日記＋映画上映チケット2枚＋完成作品オリジナル
　　 DVD
　オ) 15,000 円　映画制作日記＋映画上映チケット2枚＋完成作品オリジナ
　　 ル DVD＋監督サイン入りイベント上映用ポスター
　カ) 20,000 円　映画制作日記＋映画上映チケット2枚＋完成作品オリジナ
　　 ル DVD＋監督サイン入り撮影用台本
　キ) 20,000 円　映画制作日記＋映画上映チケット2枚＋完成作品オリジナ
　　 ル DVD＋劇中、裏部隊スタッフが着るオリジナルTシャツ
　ク) 30,000 円　映画制作日記＋映画上映チケット2枚＋完成作品オリジナ
　　 ル DVD＋監督サイン入り撮影用台本＋関係者向け試写会と打上げに招待＋
　　 撮影現場への招待
　ケ) 50,000 円　映画制作日記＋映画上映チケット2枚＋完成作品オリジナ
　　 ル DVD＋監督サイン入り撮影用台本＋劇中、裏部隊スタッフが着るオリジ
　　 ナルTシャツ＋関係者向け試写会と打上げに招待＋撮影現場への招待＋本
　　 編クレジットロールにサポーターとして名前を掲載
　コ) 150,000 円　映画制作日記＋映画上映チケット2枚＋完成作品オリジナ
　　 ル DVD＋監督サイン入り撮影用台本＋劇中、裏部隊スタッフが着るオリジ
　　 ナルTシャツ＋関係者向け試写会と打上げに招待＋撮影現場への招待＋エ
　　 ンドクレジット、ポスター、チラシに特別協賛もしくはアソシエイトプロ
　　 デューサーとして名前を掲載

③　投資型クラウドファンディングとは

i) 投資型クラウドファンディングの2つのタイプ

　金銭以外のモノやサービスがリターンとして提供される購入型に対
し、支援者がプラットフォーム上で実施者の株式を購入したり、資金

を貸したりした見返りに金銭的リターンである分配金や利息、株式を受け取れるのが、投資型クラウドファンディングの特徴です。

　投資型クラウドファンディングは、リターンの種類によって、さらに 2 つのタイプに分けられます。

　　ア）　株式投資型クラウドファンディング
　　イ）　ファンド型クラウドファンディング

ii）　**株式投資型クラウドファンディングとは**

　株式投資型クラウドファンディングは、支援者が未上場の株式を購入し、スタートアップ企業を支援しようというものです。株式そのものではなく新株予約権の発行に対応しているクラウドファンディング事業者もあります。

　実施者である株式の発行会社が将来的に上場に成功すると、株式の価値が何倍にもなる可能性がありますし、出資に応じて、配当金をもらうこともできます。将来的に株式の発行会社が IPO や M ＆ A に成功すると、支援者は株主として支援した金額（投資額）の何倍ものキャピタルゲインを得ることも可能です。

【株式投資型クラウドファンディングの仕組み】

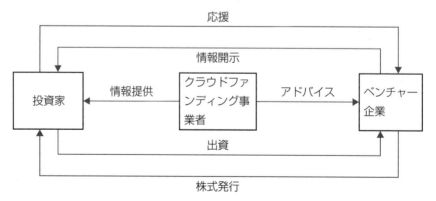

ⅲ）　ファンド（融資）型クラウドファンディングとは

　　ファンド型クラウドファンディングは、さらに融資型と事業投資（持分）型の２つのパターンに分けられます。

　　ファンド（融資）型クラウドファンディングとは、クラウドファンディングを利用してたくさんの支援者（投資家）から出資を募り、集まった資金を大口化して、資金を必要としている実施者に貸し付ける仕組みのことをいいます。

　　ファンド（融資）型クラウドファンディングでは、クラウドファンディング事業者がファンドを組成します。支援者（投資家）は取扱事業者を通じて出資し、集まった資金は、匿名組合の営業者である貸付事業者（クラウドファンディング事業者と同じ事業者の場合もあります）が資金を必要とする実施者に融資します。

　　支援者（投資家）は、実施者と直接金銭消費貸借契約を結ぶのではなく、営業者と１対１の匿名組合契約を結ぶことになります。

　　融資を受けた実施者は、金銭消費貸借契約にしたがって、元本と利息を営業者に支払います。営業者の多くは、その中から自分の報酬やファンド運営のために必要な費用を差し引き、残った分を出資した支援者（投資家）へファンドの利益として分配します。

【ファンド（融資）型クラウドファンディングの仕組み】

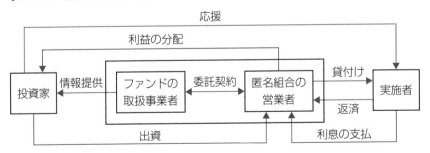

iv)　ファンド（事業投資）型クラウドファンディングとは

　　ファンド（事業投資）型クラウドファンディングとは、実施企業の事業そのものに投資をするタイプのことをいいます。クラウドファンディングを利用してたくさんの支援者（投資家）から出資を募り、集まった資金を大口化するのは、融資型と同じですが、事業投資型では、資金を必要としている実施者（ベンチャー企業や資産保有SPC）の事業に直接投資をします。出資額に応じて分配金が支払われるので、ファンド（持分）型クラウドファンディングということもできます。

　　この場合クラウドファンディング事業者が仲介役となり、支援者（投資家）と実施者（営業者）が、1対1の匿名組合契約を結ぶことになります。実施者（営業者）は、支援者から集めた資金で事業を遂行し、約束した会計期間中、売上に基づく分配金を支払います。

【ファンド（事業投資）型クラウドファンディングの仕組み】

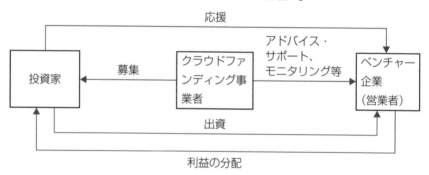

　　なお、特に投資型クラウドファンディングにおいて、各類型の仕組みの図は代表的なもののイメージ図であり、詳細は各業者によって異なる場合があります。

　　主な投資型のクラウドファンディングには、次のようなサイトがあります。

【主な投資型クラウドファンディングのプラットフォーム】

株式投資型クラウドファンディング

FUNDINNO
CAMPFIRE Angels

ファンド型クラウドファンディング

Sony Bank GATE
クラウドクレジット
Crowd Bank
OwnersBook
CAMPFIRE Owners
ROCKET FUND
Bankers
宙とぶペンギン

【株式投資型クラウドファンディングの実例】

〈前期：売上約 4.6 億円、前年比約 2.45 倍の売上〉IPO に向け加速！累計 2,000 社超が利用した、いま話題の "HRTeck × SaaS" サービス「Bizlink」
https://fundinno.com/projects/253

① プラットフォーム　FUNDINNO
② 概要
　登録者数 4,000 名近いフリーランスの登録のあるマッチングプラットフォーム「Bizlink」を運営する IT 企業です。当仕組みを活用して「Bizlink エージェント」と「Bizlink コンサルティング」をクライアント企業に提供しています。（中略）これらの仕組みを通して、フリーランスや副業の IT プロ人材のスキルや労働力をシェアできる仕組みをインフラ化することで、日本の人材不足問題やデジタルデバイド問題の解決へ導きます。（後略）
③ 目標募集額　20,000,000 円
　 上限応募額　80,000,000 円
　 （調達金額　78,100,000 円：支援者の数 527 人）
④ プロジェクトのアピール
ⅰ）解決したい課題について説明
　ア）IT 業界の多重マージン構造により、国内エンジニアは非効率でミスマッチが多い労働環境にさらされている

 イ）　国内に存在する350万社企業のうちわずか8％しか業務のDXが進んでいない。DXへのノウハウがない企業も多く導入が進まない

 ウ）　フリーランスが最大限活躍するための業務サポートや社会保障の仕組みが欠如している

ii）　どのように解決に導くかについての説明

iii）　どのようにビジネスを実現するかについての説明

iv）　今後のビジネスの進め方についての説明

 ア）　「Bizlink」データベースをSaaSで解放し、働き方や業界の課題解決にも貢献し、自社の成長に繋げる

 イ）　フリーランス向けの教育機関や社会福祉制度を構築し、彼らのサポートを通して「Bizlink」の発展にもつなげる

 ウ）　マイルストーン：IPOは2025年を計画し、売上高は約73億円を想定

 エ）　KPI：2025年までに「Bizlink」に登録するフリーランス2.6万人以上の獲得を計画

v）　チーム・創業の経緯・株主構成についての説明

vi）　代表取締役が、動画と文章でプロジェクトにかける思いをアピール

vii）　募集株式の発行者情報等

④　寄付型クラウドファンディングとは

　寄付型クラウドファンディングとは、被災地の支援や社会的弱者のサポートなど、社会貢献性の高いプロジェクトで資金を集める場合に利用されるものです。日本では、東日本大震災を契機として、寄付型のクラウドファンディングが最初に普及しました。

　支援者が見返りを求めないのが、寄付型クラウドファンディングの特徴です。寄付型のプロジェクトを検索してみると、金額に応じた「リターン」が掲載されていますが、その内容は「お礼の手紙」や「定期的な活動報告」、「イベントへの参加」または「プロジェクトのノベルティ」などとなっています。

【寄付型クラウドファンディングの仕組み】

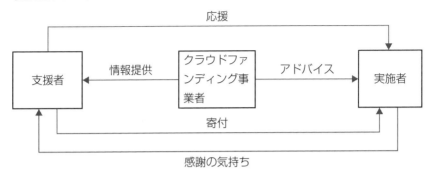

　主な寄付型のクラウドファンディングには、次のようなサイトがあります。

【主な寄付型クラウドファンディングのプラットフォーム】

READYFOR
GoodMorning
A-port 寄付型

【寄付型（ふるさと納税型）クラウドファンディングの例】

> **関西将棋会館建設プロジェクト！一千年の歴史を紡ぐ「将棋」を未来のこどもたちへ**
> https://camp-fire.jp/projects/view/446296
> ①　プラットフォーム　CAMPFIRE ふるさと納税
> ②　概要
> 　高槻市と日本将棋連盟がタッグを組み初挑戦する一大プロジェクト！『将棋の聖地』である関西将棋会館は、今、老朽化の課題等を抱えています。古より継承され日本が世界に誇る将棋文化を次の100年に繋ぐことが、今の私たちの使命と感じ、関西将棋会館建設プロジェクトを立ち上げました。
> ③　目標金額　100,000,000円
> ④　クラウドファンディングのタイプ　All in 方式
> ⑤　プロジェクトのアピール

ⅰ)　高槻市からのあいさつ
ⅱ)　高槻市長　濱田剛史・日本将棋連盟会長　佐藤康光・谷川浩司九段の動画メッセージ
ⅲ)　棋士 9 名からのメッセージと写真
ⅳ)　ふるさと納税制度の説明
ⅴ)　寄付の使い道についての説明
　　　新たな関西将棋会館の建設に必要な費用約 13 億円のうち、5 億円を目標。第 1 弾として 1 億円の寄付募集額を設定。
ⅵ)　将棋の歴史について、写真入りで説明
ⅶ)　関西将棋会館の歴史、繰り広げられたドラマについて、写真入りで説明
ⅷ)　次の 100 年に向けて、熱い想いをアピール
ⅸ)　リターン（日本将棋連盟からの記念品）について説明
　　ア)　5,000 円・10,000 円・30,000 円・50,000 円・100,000 円・1,000,000 円
　　　記念品なしコース
　　イ)　10,000 円　下記のいずれか
　　　寄付者の名前が入った日本将棋連盟からの感謝状
　　　年賀挨拶状（羽子板型）
　　ウ)　20,000 円　下記のいずれか
　　　寄付者の名前が入った日本将棋連盟からの感謝状
　　　藤井聡太竜王・杉本昌隆九段　師弟揮毫入りブランケット
　　エ)　50,000 円　下記のいずれか
　　　藤井聡太七段（当時）のオリジナル局面扇子
　　　オリジナル直筆色紙
　　　新会館寄付者銘板（小）
　　オ)　100,000 円　下記のいずれか
　　　新会館寄付者銘盤（中）
　　　記念直筆扇子
　　カ)　200,000 円
　　　記念詰将棋色紙
　　キ)　300,000 円
　　　記念御朱印帳（棋士 25 名の揮毫入り）
　　ク)　500,000 円
　　　新会館寄付者銘盤（大）
　　ケ)　3,000,000 円
　　　王将戦会場でのプレミアム指導対局
　　コ)　3,500,000 円
　　　高槻市移転記念「谷川浩司九段書　盛上駒」（平箱に谷川九段の署名入り）

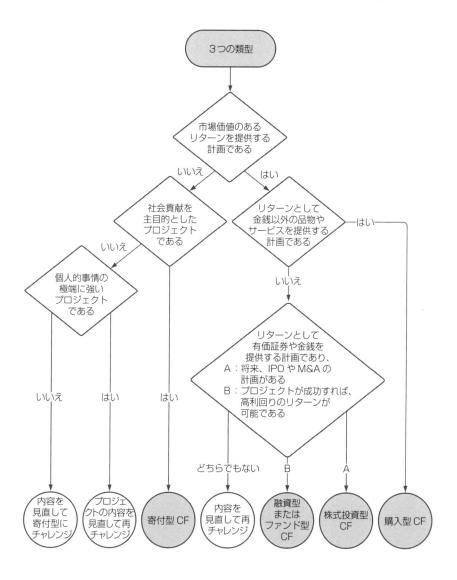

(2)　購入型クラウドファンディングのメリット・デメリット

①　クラウドファンディング実施者のメリット

ⅰ)　予約販売の段階で代金を回収できる

　　クラウドファンディング本来の目的は資金調達ですが、クラウドファンディングによって得られる成果はそれだけではありません。ここでは資金調達以外のメリットについて考えてみましょう。

　　購入型クラウドファンディングは、これから開発予定の商品やサービスをリターンとして提供するのが一般的ですが、これは新商品やサービスを、まだ市場に出る前に予約販売できるということを意味しています。

　　通常の予約販売であれば、商品を完成し、引き渡してからようやく代金を回収する流れになりますが、クラウドファンディングでは、代金の全額を支払わなければ購入の意思表示ができない仕組みになっているのがポイントです。

　　プロジェクトのための資金を獲得してから、新商品やサービスの開発をスタートできるのが、実施者にとって最大のメリットです。

ⅱ)　無料でテストマーケティングができる

　　購入型クラウドファンディングのもうひとつのメリットは、無料でテストマーケティングができるということです。テストマーケティングとは、新しい商品やサービスを本格的に販売する前に、サンプルを試験的に展開して、ユーザーに評価してもらう手法のことをいいます。

　　新商品の販売には大きなリスクがともないますが、事前にテストマーケティングをすれば、商品を改善したり、生産計画を練り直したり、有効な PR 活動を計画したりすることができます。クラウドファンディングに挑戦すれば、プラットフォームを利用してユーザーから生の意見を聞くことができ、新商品販売にともなうリスクを軽減する

ことができるのです。

　またテストマーケティングには、ターゲットを明確にするという目的もあります。新商品の企画段階で想定したターゲットがぶれていると、どんなに性能のよい商品だとしても、期待した売上を獲得することはできません。それが、クラウドファンディングなら、募集期間中、支援者と双方向のコミュニケーションをとり、ターゲットの絞り込みや分析を行うことができるというわけです。

　中小企業が独自でテストマーケティングを行うのは、コスト面を考えると容易なことではありません。購入型クラウドファンディングを行うことで、無料でテストマーケティングができるのは、実施者にとって大きなメリットといえます。

iii)　新商品の PR ができる

　新商品やサービスをいかに効果的に PR すべきかというテーマは、新商品販売の成功の鍵といっても過言ではありません。どんなに優れた商品を開発したとしても、その商品の存在がターゲットに届かなければ、誰も購入してはくれないからです。

　SEO 対策やリスティング広告を打つなど、小さな会社が自社のウェブサイトを強化するのは限界があります。その点、クラウドファンディングのプラットフォームには、あらゆる属性の人々が毎日のように訪問してくれるのが魅力です。中小企業がどんなにお金をかけても、集客力でクラウドファンディングのプラットフォームにはかないません。

　たとえ資金調達には結びつかなかったとしても、購入型クラウドファンディングにプロジェクトを公開することで、たくさんの人に知ってもらう機会が増え、新商品を PR することができるというわけです。

iv)　ファンを獲得できる

　クラウドファンディングのプラットフォームで商品やサービスを購入する人の動機には、一般の EC サイトとは異なり、実施者を応援したいという気持ちが大きく作用しています。

　リターンとして提供される品物が欲しいというよりも、社会的意義の高いプロジェクトを立ち上げようとしている実施者を支援することで、自分も社会に貢献しているという精神的満足感を得るために、クラウドファンディングを利用しているのです。

　そういう支援者たちは、クラウドファンディングが終わったあとも、新商品やサービスの熱烈なファンとなって、ずっと応援してくれる可能性があります。

　クラウドファンディングを利用すれば、無名の商品の認知度を上げて、たくさんのファン獲得につなげることができます。

v)　EC サイトとして利用できる

　短い募集期間中に目標金額を集めるためには、自社の商品やサービスの良さを、いかにアピールできるかがポイントとなります。そのため実施者は、単なる商品の紹介だけでなく、その商品をどういう人に使ってもらいたいか、どういうシーンで使うのがよいかなど、その商品に込めたこだわりや想いを、文章だけでなく写真や動画を使って訴求する必要があります。

　支援者は、サイト上でこれはと思った商品をクリックし、商品のコンセプトや商品の使い方、活用法などをチェックします。その時、自分と同じようにその商品に共感し、すでに支援した人たちからの「応援コメント」などが掲載されていれば、それが購入の動機付けになるという効果も期待できるというわけです。

　これは、クラウドファンディングのプロジェクトページが EC サイ

トとしての役割を果たしていることを意味します。募集期間が終了す
ると、原則として支援者はサイトを通じて商品を購入することはでき
なくなりますが、プラットフォームによっては、そのままプロジェク
トページ上で販売を継続できるサービスプランもあります。

　また、実施者は、クラウドファンディングを通じて獲得したファン
を、募集終了後はそのまま自社の EC サイトに誘導することも可能で
す。

②　クラウドファンディング支援者のメリット

　購入型クラウドファンディングにおいては、プロジェクトで企画した
製品やサービスをリターンとして提供するケースが一般的です。支援者
としては、欲しいものが将来製品化して一般販売される前に入手できる、
早割という名目で正規の価格より安く購入できる、または一般には販売
されないクラウドファンディング限定モデルを入手できることなどが魅
力といえます。

　プロジェクトによっては、開発段階から支援者の意見を聴いたり、支
援者として名前が残ったりなど、普通なら関わることができないような
大きなプロジェクトに参加できる場合もあります。48 ページで紹介し
た「カメラを止めるな！」では、リターンとして映画のエンドクレジッ
トにアソシエイトプロデューサーとして名前が掲載されるなど、大きな
満足感を得ることができました。

③　クラウドファンディング実施者のデメリット

　クラウドファンディングは、お金が出てくる打ち出の小槌ではありま
せん。クラウドファンディングを始める前に、課題やデメリットを正し
く理解しておく必要があります。

　実施者としては少しでも多くの資金を集めるために、新商品のサービ

スの特徴や性能について、できるだけ詳しくサイト上に掲載するのが通常です。情報の出し惜しみをしていては、多くの支援者に共感してもらうことはできないからです。

　じつは、これが購入型クラウドファンディングの最大のデメリットにつながります。せっかく考えた斬新なアイディアやノウハウを、不特定多数の人に公開するわけですから、そのアイディアを盗まれる、資金力のある大手企業に先を越されてしまう、安価な類似品が出回るなどのリスクがともないます。

　また購入型クラウドファンディングは、特定商取引法の「通信販売」にあたるため、購入者との間でトラブルが発生しないように、特定商取引法のルールを守らなければなりません。例えば、事業者の連絡先や商品価格などを明示しなければならない、事実とかけ離れた誇大広告をしてはいけないなどの縛りがあり、これに違反するとペナルティーを科される可能性があります。

④　クラウドファンディング支援者のデメリット

　まだ開発前の世の中に存在していない商品やサービスを、お金を払って購入するのが、購入型のクラウドファンディングです。実施者が資金不足に陥ったり、見通しが甘かったりして、最終的にそのプロジェクトが実現しない可能性があります。

　通常の購入と違って、一度支援するとあとでキャンセルできないのも、支援者にとってはリスクといえます。

> ☞ **POINT**
> ◉ 通常では融資の対象にならないプロジェクトや法人の場合でも、資金調達できる可能性があります。
> ◉ 新商品の引き渡しやサービスを提供する前段階で、資金を獲得することができます。
> ◉ 無料で、新商品のテストマーケティングやPRをすることができます。

⑶ 投資型クラウドファンディングのメリット・デメリット

① 株式投資型クラウドファンディングの場合

ⅰ) クラウドファンディング実施者のメリット

ア) 多数の人から出資を募ることができる

　投資型クラウドファンディングには、株式投資型・ファンド型の2種類がありますが、ここでは税理士の顧問先にとってより身近な株式投資型について説明します。

　これまで日本には、スタートアップのベンチャー企業に一般の人が出資をする文化やシステムがありませんでした。現在でも、創業したばかりの会社は、融資で資金をまかなうのが一般的です。日本政策金融公庫や都道府県の制度融資は充実していますが、借りることができる金額は自己資金と同額までなどの上限が設けられています。

　数千万円規模で大きく事業を展開しようという場合には、ベンチャーキャピタルから出資してもらうか、一部のエンジェル投資家に支援してもらうしか方法がなく、日本でベンチャー企業が育たない一因となっていました。

　株式投資型クラウドファンディングの普及は、アーリー段階の企

業が、広く不特定多数の投資家から数か月で数千万単位の資金を集めることを可能にしたのです。

イ)　経営の自由度を高く保てる

　　以前は1人のエンジェル投資家に株式の3分の1や2分の1を超えて所有されてしまうケースが多く、その投資家の意見やカラーが色濃く反映され、自分のやりたいことが自由にできなくなるというリスクが起業家側に発生していました。株式投資型クラウドファンディングでは、1人の投資家が出資できる資金は、1社につき年間50万円までという制限があるため、結果としてたくさんの少数株主を抱えることになります。一部の大口投資家に強力な支配権を持たれる心配がなく、経営の自由度を確保することができるというわけです。

ウ)　コアなファンとなって応援してくれる

　　クラウドファンディングの性質上、出資者は自分が儲かるかどうかよりも、ビジョンやコンセプトに共感した会社を応援したいという価値観を持って投資します。出資したら終わりではなく、彼らは投資先のコアなファンとなって、商品やサービスを長い目で応援してくれたり、宣伝部隊となって自分の周りにPRしてくれる可能性が高いのも、クラウドファンディングならではのメリットです。

エ)　プロに事業計画書を作成してもらえる

　　株式投資型クラウドファンディングでは、クラウドファンディング事業者のプラットフォームを利用して株式発行を行うため、支援者はサイトに記載されている実施者の財務状況や事業計画書を読んで、投資の可否を判断することになります。

　　株式投資型クラウドファンディングは、All or Nothing方式が基本です。これはつまり、目標額を達成しないと、クラウドファンディング事業者には募集にかかる手数料が入ってこないことを意味しま

す。そこで、事業者側の担当者は目標金額の達成をともにめざす仲間となって、募集要項の作成にあたって最大限のサポートを行うことになります。スタートアップの企業にとっては、プロによる高度な事業計画書の作成支援や、資本政策のコンサルティングを無料で受けることができるというわけです。

ii） クラウドファンディング支援者のメリット

アーリーステージの未上場株がIPOに成功すると、株主は5倍、10倍のキャピタルゲインを獲得できる可能性があります。また、IPOの途中でM＆Aによる売却益を得ることもあり、通常の株式投資に比べて大きなリターンを得ることができます。

それだけではありません。ベンチャー企業への投資を促進するために導入されたベンチャー企業投資促進税制（通称エンジェル税制）という優遇税制があり（170、178ページ参照）、対象となるベンチャー企業へ投資した場合は、所得控除や損益通算などの税務メリットを受けることもできます。

また、支援者は出資をすることにより、応援したい会社の株主総会に参加したり、事業の進捗状況の報告を受け取ったりすることができます。将来性のあるスタートアップ企業を、設立直後から少額で支援できるのは、投資家にとっても夢のある話といえます。

iii） クラウドファンディング実施者のデメリット

株式投資型クラウドファンディングには、不特定多数の人から出資を募ることができるのは株式の発行価額の総額が1億円未満、かつ投資家が出資できるのは1社につき50万円以下、という金融商品取引法による規制があります。

したがって、数千万単位の資金調達をめざす場合は、その分だけた

くさんの株主を集めなければなりません。結果的に株主の数が多くなり、株主名簿の管理はもちろんのこと、株主総会の招集通知の発送や、配当の支払調書の作成など、事務負担コストが増えることになります。

　また、議題によっては株主総会が紛糾してまとまらない可能性もあり、重要事項の決定が遅くなるリスクも考えておく必要があります。

iv)　クラウドファンディング支援者のデメリット

　未上場会社の場合は、上場会社と違って、有価証券報告書の開示が義務付けられていないので、将来性のある株式なのかどうかを判断するのは、非常に困難です。

　投資先のベンチャー企業がIPOに成功するか、M＆Aで売却するまで、簡単に換金することができません。株式を現金化したい場合、未上場株を売買するためのマーケットは存在しないので、自分で買い主を探す必要がありますし、運良く見つかったとしても、通常実施者の発行する株式には譲渡制限が付されているため、発行会社の承認を得るなどの手続きが必要です。また、日本におけるIPOの成功確率は非常に低いため、一攫千金を夢見て投資した金額が、何年にもわたって塩漬けになってしまう可能性が、最大のリスクといえます。

　さらに、社会情勢の変化で売上が計画どおりに伸びなかったり、経営者の実力不足から業績が悪化したりする可能性があり、株式の価格が著しく下落するリスクがあります。万が一、実施者が破綻してしまうと、株式の価値はゼロとなり、1円も返ってこないことも考えられます。

☞ **POINT**

【株式投資型クラウドファンディングのポイント】

●金融機関からの融資が難しい場合でも、多額の資金を集めることができます。

●一部の大口株主に支配される心配がないので、経営の自由度を確保することができます。

●支援者にとっても、少額で将来性のあるベンチャー企業に投資することができます。

② ファンド型クラウドファンディングの場合

ⅰ) クラウドファンディング実施者のメリット

⑦ 金融機関以外からの資金調達が可能

ファンド型クラウドファンディングは、資金を必要としている人とお金を貸したい人とをインターネット上でつなげる金融サービスともいえます。実施者はクラウドファンディング事業者のプラットフォーム上で、自社の事業計画を発信し、共感した支援者が投資する仕組みです。支援者ひとりひとりの投資額は少額でも、多数の投資家から資金を集めることで、実施者はまとまった額の資金を手に入れることができます。

中小企業が資金調達する方法としては金融機関からの融資が一般的ですが、海外での事業展開や、大型の不動産投資などは、なかなか融資がつきにくいのが現実です。融資がおりたとしても、自己資金が少なかったり、短期的に回収できないと判断されたりすると、本当に必要な額の資金を調達できないこともあります。金融機関が二の足を踏むような案件でも、支援者の共感を得ることができれば、多額の資金調達が可能なのが、クラウドファンディング最大のメ

リットといえます。

イ）　経営の独自性を維持できる

　　ファンド型の場合は、株式を発行するわけではないので、経営の独自性を維持できるのも魅力です。特にファンド（事業投資）型クラウドファンディングでは、事業計画の達成度合いに応じて投資家への分配率を設定できるため、資金を希釈することなく、思い切ってロングテールの新規事業に取り組むことができます。

ウ）　事業のファンをつくることができる

　　クラウドファンディングのプラットフォームで投資先を決める人の動機には、一般の投資家とは違い、実施者である企業を応援したいという気持ちが大きく作用しています。

　　投資の利回りが魅力というよりも、社会的意義の高いプロジェクトを立ち上げようとしている実施者を支援することで、自分も社会に貢献しているという精神的満足感を得るために、クラウドファンディングを利用する支援者が多いといえます。

　　そういう支援者（投資家）たちは、クラウドファンディングが終わったあとも、その事業の熱烈なファンとなって、ずっと応援してくれる可能性があります。

ii）　クラウドファンディング支援者のメリット

ア）　気軽に投資できる

　　クラウドファンディング事業者にもよりますが、1万円程度の少額から投資できる、スマホをタップすれば簡単に支払ができるといった手軽さが最大の魅力です。投資は怖いけれど興味があるという人や、証券会社に口座を開くのは面倒という人、本業が忙しくて投資をしても日々の株価やレートのチェックができないという人が、気軽にトライするのに向いています。

イ）　利回りが高い

　クラウドファンディングで設定される利回りは、通常の投資商品よりも実績値が高いのが魅力です。特にファンド（事業投資）型の場合は、事業計画の達成度合いに応じて分配金が変動する仕組みの商品があり、実施者（営業者）の新規事業が大きく成長すれば、通常より高い利回りのリターンが期待できます。例えば、CAMPFIRE Owners が組成した ROBOT HOUSE 事業支援ファンドでは、年率４％の利回りが予定されていて、魅力的な投資商品といえるでしょう。

　ファンドの組成や募集にあたっては、クラウドファンディング事業者に金融商品取引業者としての分別管理義務や書面交付義務、法定帳簿等のさまざまな規制が定められており、安心して投資できる体制になっています。

（参考：第二種金融商品取引業協会自主規制　https://www.t2fifa.or.jp/teikan/index.html）

iii）　クラウドファンディング実施者のデメリット

ア）　利回りが高い

　金融機関から借りる通常の融資よりも高い利回りの設定を求められるのが、最大のデメリットといえます。

イ）　救済手段がない

　万が一、スケジュールどおりに返済や分配ができなかった場合には、ネガティブな情報がインターネット上に残ってしまう可能性があります。

　特にファンド（融資）型の場合には、期限が来たら一括返済するという契約になっている場合がほとんどです。金融機関からの融資のように、リスケジュールを申し込んだり、新たに借り直して残っ

ている残高を返済したりといった救済手段がないことを頭に入れておく必要があります。

iv)　クラウドファンディング支援者のデメリット

ア)　利回りや元本が保証されていない

　日本では、クラウドファンディングの事業者や取扱業者がしっかりとリスク管理を行っているため問題になる可能性が低いですが、それでも、利回りや元本が保証されていないのは最大のデメリットです。

　ファンド（融資）型における貸付先企業や、ファンド（事業投資）型における実施者（営業者）が事業に失敗すると、期待どおりの分配金が支払われません。分配が行われたとしても、出資した金額の全額が回収できない可能性もあります。

　また、ファンド（融資）型では、貸付先企業に問題がなくても、運営会社（匿名組合の営業者）そのものが破綻してしまって、出資したお金が戻ってこないというリスクも考えておかなければなりません。

イ)　途中解約ができない

　通常の株式投資や投資信託などは、自由に売却したり解約したりできますが、原則としてファンド型クラウドファンディングでは、途中解約は認められていません。自由に資金を引き揚げられてしまうと、融資先の企業は、事業の継続が困難になってしまうからです。必要なときにすぐに現金化できないので、余裕資金がない人には向かない投資といえます。

☞ **POINT**

【ファンド型クラウドファンディングのポイント】

◉支援者ひとりひとりの投資額は少額でも、多数の投資家から資金
　を集めることで、実施者はまとまった額の資金を手に入れること
　ができます。

◉投資家にとっては、少額から投資できる、スマホをタップすれば
　簡単に支払ができるという手軽さや、通常の投資商品よりも利回
　りの実績値が高いのがメリットです。一方で、元本が保証されな
　い、必要なときにすぐに現金化できないのが、最大のデメリット
　です。

⑷　寄付型クラウドファンディングのメリット・デメリット

①　クラウドファンディング実施者のメリット

　社会的意義の高いプロジェクトに「寄付」するのが寄付型の特徴です。
支援者は、プロジェクトを応援することで自分も社会貢献事業に参加し
たいという気持ちからお金を出すのであって、最初から見返りを期待し
ているわけではありません。

　寄付型クラウドファンディングでも、全くリターンがないわけではあ
りません。支援金の多寡による違いをアピールするために、金額に応じ
てお返しの内容を変えるのが一般的です（55 ～ 56 ページ参照）。とは
いえ、そういった場合でも、リターンの内容としては、お礼の手紙や活
動状況のわかる写真、定期的な活動報告の送付など、市場価値はないけ
れど「心のこもったもの」を提供します。

　実施者としては、事業者への手数料は発生しますが、集まった支援金
のほとんどをプロジェクト本来の活動資金に充てられるのが、最大のメ
リットです。

　また、実施者が認定 NPO 法人や非営利徹底型一般社団法人など公益性の高い法人の場合、寄付型クラウドファンディングで受け取った支援金には、原則として法人税は課税されません。実施者としては、活動資金として使える金額が税額に相当する分だけ増えるのも、メリットのひとつといえます。

②　クラウドファンディング支援者のメリット

　寄付型に参加する支援者にとっては、スマホをタップするだけで、簡単に社会貢献事業に参加できるのが最大のメリットです。寄付をすると、例えば支援をした相手からお礼の手紙が届いたり、活動報告が届いたりするので、自分が支援したお金がどのように使われたのかを確認することができ、達成感や満足感を感じることができます。

　また、寄付先が認定 NPO 法人や自治体、公益法人、特定公益増進法人などであれば、確定申告をすることで、寄付金控除を受けることもできます。

　最近では、クラウドファンディング事業者と地方自治体が連携して行う「ふるさと納税型クラウドファンディング」も増えてきました。

　地方自治体へ寄付を行い、寄付者は寄付金控除を受けられると同時に、その自治体の特産品などの返礼品を受け取れる仕組みのことを、ふるさと納税といいます。

　ふるさと納税のうち、資金使途を限定して、クラウドファンディング事業者のプラットフォーム上で寄付を募ることを、ふるさと納税型クラウドファンディングといいます。仕組みはふるさと納税と同じです。所得に応じて控除に限度額はありますが、最大で寄付額から 2,000 円を差し引いた金額が、税額から控除されます（222 ページ参照）。

　自治体にとっては、クラウドファンディングのプラットフォームを使うことでより多くの人に周知でき、より多くの寄付を集めることができ

ます。一方、支援者にとっても寄付先が地方自治体なので、確実にプロジェクトが実施されるという安心感に加えて、節税というおまけがついてくるのがメリットです。

③　クラウドファンディング実施者のデメリット

実施者が株式会社や非営利型法人以外の一般社団法人や一般財団法人の場合、支援金としてもらった寄付金は、法人税の課税対象となります（198ページ参照）。実施者が個人の場合は、支援額にもよりますが、贈与税や一時所得として所得税が課税される可能性があります（207ページ参照）。

また、市場価値のある魅力的なリターンを提示して支援者の注目を集めることができないため、プロジェクト自体に共感を集める力がないと、支援金を集めにくいのもデメリットです。

④　クラウドファンディング支援者のデメリット

リターンを目当てにする購入型と違って、寄付型クラウドファンディングの支援者は、クラウドファンディングに参加することで、社会貢献を果たすのが主目的です。とはいえ、クラウドファンディングの特典である市場価値あるリターンを受け取れないのは、寄付型のデメリットといえます。

☞ **POINT**

◉リターンの提供を前提としていないので、支援金の大部分をプロジェクトの活動資金に充てられます。

◉認定 NPO 法人や非営利型一般社団法人など公益性の高い法人が受け取った支援金には、法人税が課税されません。

◉地方自治体とクラウドファンディング事業者が連携して行う「ふるさと納税型クラウドファンディング」は、支援者側が寄付金控除を受けられるメリットがあります。

クラウドファンディングの流れとポイント

1　クラウドファンディングを始める前に検討すべきこと

　ここでは、実際に購入型のクラウドファンディングを始める場合の流れを、事例に沿って紙上で体験していただきます。クラウドファンディングのポイントをステップごとに解説していますので、顧問先企業からクラウドファンディングを始めたいと相談を受けた場合には、ポイントをふまえたアドバイスで顧問先の資金調達をサポートしましょう。

> **事例**　顧問先A社は、松葉杖を輸入販売する会社です。日本製とは異なり、ファッショナブルで軽いのが特徴です。ところが南アフリカにある輸入元の国で軍事クーデターが勃発し、輸入がストップしてしまいました。そこで思い切って国内での製造販売に切り替えたいとの相談を受けました。松葉杖の金型をつくるには、1サイズにつき500万円が必要です。調達金額が多ければ多いほど、製造する松葉杖のサイズを増やすことができます。
>
> 　しかし同社は、松葉杖の販売の他にもデイサービスを運営しており、新店舗オープンにあたって金融機関から融資を受けたばかりです。

　これまで見てきたように、クラウドファンディングによる資金調達にはいくつものメリットがありますが、クラウドファンディングさえ実施すれば、何もかもがうまくいくわけではありません。クラウドファンディングとは、あくまで資金調達のための手段であって、それ自体が目的ではないからです。

　クラウドファンディングの先には、集めた資金を使って達成したいプロジェクトや事業があります。クラウドファンディングを行うことが、その事業成功にとって本当に最良の方法なのか、他にもっとよい方法はないか、クラウドファンディングを行うことでかえって本来の事業遂行

が遠のくリスクはないか、などの検討が必要です。

　そこでクラウドファンディングを始める前に、まず次の4つのポイントから、クラウドファンディング実施の是非をチェックしましょう。

---

① 　調達したい目標金額

② 　入金時期

③ 　マンパワーに余裕があるか

④ 　既存支援者の存在

---

① 　調達したい目標金額はいくらか

　新規事業や新商品の開発にあたって、会社が必要としている金額はいくらなのかを確認します。クラウドファンディングは、チャレンジすること自体が目的ではなく、目標額を集めることが目的です。特に All or Nothing 方式を採用した場合、目標額を達成しないと1円も調達することができません。

　クラウドファンディングで調達に成功する割合は、30％〜35％といわれています。少額であれば達成の確率は上がりますが、当然ながら目標額が高くなればなるほど、成功のハードルも上がります。

　適切な目標金額を設定するためには、新商品開発のための事業計画書を作成し、開発のための設備資金やスタート時の運転資金などを正確に把握する必要があります。そして、金融機関から融資を受ける場合と同じように、そのプロジェクトのために用意できる自己資金がいくらあるのかを検討します。クラウドファンディングは返済不要なお金だから、自己資金はなくてもクラウドファンディングですべて調達すればいいや、などという甘い考えでは、クラウドファンディングはおろか、事業そのものも失敗するのは目に見えています。

　プロジェクトに必要な資金と手元資金との比較、金融機関からの融資

と組み合わせた方がよいかなどを総合的に判断し、クラウドファンディングで調達可能な現実的な目標金額を設定します。

> **事例の松葉杖の場合は…**
>
> 　松葉杖の金型を1つ製造するには、500万円かかります。できれば、Sサイズ・Mサイズ・Lサイズの3種類をつくりたいところですが、目標額が達成できなければ意味がありません。そこで、最低でも1サイズの金型をつくる資金をクラウドファンディングで集めることを目標にし、他の2サイズのうち1サイズは自己資金で、もう1サイズは金融機関から融資を受けることにしました。事業者へ払う手数料や、松葉杖以外のリターンについては自己資金でまかなえることを確認し、All or Nothing方式で目標額を500万円に設定することにしました。

②　いつまでに資金が必要か

　支援者が振り込んだ資金は、ダイレクトに会社の口座に入金されるわけではありません。支援金はいったんクラウドファンディング事業者の口座に入金され、手数料を差し引いて、実施者の口座に振り込まれます。事業者にもよりますが、振り込みまでは募集期間終了後40日〜60日程度かかるのが一般的です。

　クラウドファンディングの募集期間は自分で設定できますが、できるだけ多くの支援金を集めるためには、一定の告知日数が欲しいところです。一般的には、30日〜60日の期間を設定するケースが多いようです。

　これに加えて、プロジェクトページを作成するために、文章や動画を準備する日数も必要です。目標達成のためには、それなりの時間をかけて作成する必要があり、平均的には10日〜20日ほどかかります。

　以上を考慮すると、クラウドファンディングをしようと思い立ってか

ら、実際に入金されるまでは、80日〜140日程度はかかることになります。

　新規事業のためにどのタイミングで資金が必要なのか、クラウドファンディングを利用することで逆にビジネスの機会を失ってしまうリスクはないのかなどを、事前に十分に検討する必要があります。

事例の松葉杖の場合は…

　まずは自己資金を使って金型の作成を始めるとともに、すでにたくさんの松葉杖購入希望者に予約をいただいている状況だったので、入金予定日から逆算して完成予定日を予測し、お客さまにお知らせすることにしました。

③　**クラウドファンディングのために使えるマンパワーがあるか**

ⅰ)　社内にプロジェクトの宣伝ができる人材がいるか

　企画中の商品やサービスがどんなに優れたものであっても、クラウドファンディングのサイトに載せておくだけで資金が集まるほど甘くはありません。

　プロジェクトのコンセプトやリターンのクオリティが優れていれば、プラットフォームの利用者に共感してもらうのは、それほど難しいことではありません。彼らは、自分が応援できるプロジェクトを探しにプラットフォームを訪問している人たちだからです。しかし、共感してもらうことと、実際にお財布を開いて「支払」という行動に移してもらうことの間には、大きな隔たりがあります。

　プラットフォームに掲載されているプロジェクトは、社会的意義のある斬新なアイディアにあふれたものばかりです。数多くのプロジェクトの中から自社を選んでもらうためには、よい商品をつくるのは当たり前で、それに加えてプロジェクトに対する会社の想いやコンセプ

トを言語化したり、写真や動画などで視覚に訴えたりするテクニック
が必要です。支援者はその商品が持っているメッセージやストーリー
に感動して、自分の大事なお金を払うからです。

　時間と手間をかけて、いかに魅力的なプロジェクトページをつくり、
商品やサービスの良さを伝えるかは、目標達成に欠かせないポイント
です。片手間でつくったプロジェクトページでは、不特定多数の人に
メッセージは届きません。商品の販売にあたっては、商品力はもちろ
んのこと、営業力も必要ですが、クラウドファンディングでも全く同
じことがいえます。

ⅱ）クラウドファンディング・チームを結成する

　社内に専任の広告担当者やマーケティング担当者を抱える中小企業
は、ほとんどないといってもよいでしょう。どの社員も忙しく、クラ
ウドファンディングに集中して時間と手間をかけるのは難しいのが現
実だと思います。クラウドファンディングに成功するためには、キャッ
チーなタイトルをつくるスキルや、訴求力のある文章をつくるスキル、
興味をひく動画をつくるスキルなど、本業の商品やサービスで必要と
されるスキルとは別のスキルが求められます。社内に広報やPRの知
識があるスタッフがいなければ、お金を払って外部に委託した方がよ
いかもしれません。社内のマンパワーに余裕がない場合は、外部に委
託できる業者や仲間がいるか、委託する場合はどのくらいの予算を見
込んでおく必要があるかなどを検討しましょう。また、クラウドファ
ンディング事業者からどのくらいサポート・アドバイスを受けられる
のか事前に確認しておくとよいでしょう。

　社長自らが担当するにせよ、社員の誰かを指名するにせよ、外部の
業者に委託するにせよ、クラウドファンディングを始める前に、それ
ぞれの役割を決めて、クラウドファンディング・チームを結成します。

チームができたら、各チーム間の情報共有も大切です。チャットアプ
リや Microsoft Teams、LINE のグループチャットなど、使い勝手の
よいツールを使って、まめにコミュニケーションを図る仕組みをつ
くっておきましょう。

事例の松葉杖の場合は…

　社長が中心となってクラウドファンディングチームを結成すること
にしました。プロジェクトページ上の説明文章や画像を制作する係、
動画を担当する係、投稿されるメッセージに返信する係、クラウドファ
ンディングの訪問者を分析する係、Facebook など SNS で情報発信
する係をつくり、それぞれの分担を決めました。また Microsoft
Teams を使って、お互いの進捗や課題を共有できるようにしました。

④　成功する確率は高いか

　公開してから 5 日で目標金額の 20%を集められるかどうかが、クラ
ウドファンディング成功の目安だといわれています。

　どんなにプロジェクトページが魅力的でも、いきなり見ず知らずの人
たちが財布を開いて支援金を払ってくれると期待するのは、無茶な話で
す。

　クラウドファンディングで支援してくれる人は、既存支援者、潜在支
援者、新規顧客に分けて考えます。既存支援者とは、すでに会社（実施
者）の顧客で、会社の商品やサービスを購入した経験のある人のことで
す。潜在支援者とは、会社（実施者）の商品やサービスに興味があって、
気にはなっていたけれど、まだ実際に購入したことはないという人をい
います。会社（実施者）の存在を全く知らない人、または知っていたけ
れど全く興味がない人が、新規顧客です。

　告知後、ためらわず最初に支援金を払ってくれるのは、このうち既存

支援者たちです。既存支援者がファーストペンギン※となって実際に支援金を払ってくれることで、プロジェクトが盛り上がり、潜在支援者や新規顧客からの支援金を増やしていくことができるのです。

　まずは、コアなファンをどれだけ抱えているか、既存客の顔を思い浮かべてください。そのうち、どれだけの人が支援をしてくれるか、いくらなら支払ってくれるのか、既存客だけでどのくらいの支援金が集まりそうかを検討しましょう。ここで、目標額の３分の１程度が期待できるということになれば、クラウドファンディング成功の確率はぐんと上がります。

※　ファーストペンギンとは、リスクを恐れず新しい分野に挑戦する人のこと。
　ビジネスの世界では、敬意をこめて使われます。

事例の松葉杖の場合は…

　会社の Facebook には 5,000 人近くの友達登録数があり、メルマガの読者も 1 万人を超えています。SNS 上で商品が入荷されない窮状を訴えたところ 1,000 以上の「いいね」を集めたことから、共感を得られる手ごたえが感じられます。

　すでに商品の入荷待ちをしている顧客も 50 人以上いるため、成功の確率は高いと判断しました。

☞ **POINT**

- ◉始める前に、本当にクラウドファンディングが最善策であるかを検討します。
- ◉支援金が実際に入金される日を予測し、資金繰りに問題がないかを検討します。
- ◉クラウドファンディングに専念するためのマンパワーに余裕があるかを検討します。
- ◉ファーストペンギンとなってくれる既存客が、実際にどのくらい支援金を払ってくれそうかを予測します。

2　共感してもらえるプロジェクトページのつくり方

(1)　プラットフォームを決める

　検討の結果、A社はクラウドファンディングでの資金調達が最善策ということになり、いよいよクラウドファンディングにチャレンジです。

　近年、利用者が増えるにしたがい、クラウドファンディング事業者の数も増えてきました。プラットフォームによって、料金体系やサービス内容、特徴が異なるので、どのサイトを利用するかで成功の確率も変わってきます。そこで、数あるプラットフォームの中から、自社のプロジェクトに最も適したプラットフォームを選ぶことがクラウドファンディングの第一歩となります。

　プラットフォームを比較するには、おおむね以下のようなことをチェックします。

①　プラットフォームのカテゴリー（購入型か投資型か寄付型か）
②　プラットフォームの実績（サイトのアクセス数や累積調達金額）
③　サイトに掲載されているプロジェクトのジャンル
④　サイトに掲載されているプロジェクトの規模（募集金額）
⑤　サイトが公表している資金調達の成功割合
⑥　クラウドファンディングが終了してから、支援金が入金されるまでの日数
⑦　クラウドファンディング事業者からどのようなサポートを受けられるか
⑧　事業者に払う手数料の金額

　クラウドファンディングサイトを閲覧するだけなら、会員登録は不要です。これはと思うプラットフォームが見つかったら、自分が支援者になるつもりで、掲載されているプロジェクトをあれこれチェックしてみましょう。応援したいと思うプロジェクトがいくつも掲載されているプ

ラットフォームが見つかったら、それが選ぶべきプラットフォームの第一候補です。

クラウドファンディングのプラットフォームには、自分が応援したいプロジェクトを探しに、毎日たくさんの利用者が訪れます。ファンディングに成功するには、プロジェクトにかける想いやコンセプトにそのサイトの利用者がどれだけ共感してくれるかが鍵となります。自分が共感できるプロジェクトがたくさん掲載されているサイトの利用者は、自社の商品やサービスを気に入ってくれる可能性が高いからです。

☞ **POINT**
- ◉自社のプロジェクトに合ったプラットフォームを探します。
- ◉自分が支援者になるつもりで、掲載されているプロジェクトをチェックします。
- ◉自分が共感できるプロジェクトがたくさん掲載されているプラットフォームを選びます。

⑵ クラウドファンディング事業者に相談をする

プラットフォームが決まったら、アカウントを作成して、会員登録をします。

プラットフォームによっては、事業者に相談しなくても、実施者が自分でプロジェクトページを作成できるサービスもありますが、初めてクラウドファンディングに挑戦する場合は、事前に自社が予定しているプロジェクトに問題はないか、どんな構成のプロジェクトページをつくればより多くの支援金を集めることができるかなど、相談しながら進めることをお勧めします。

事業者からのサポート内容は各社で異なりますが、例えばREADYFOR

の場合は、無料の相談窓口でプロジェクトについて相談することができます。また、フルサポートプランを選択した場合は、キュレーターと呼ばれる担当者がプロジェクトごとに専任でついてくれます。キュレーターとは、プロジェクトの立案から目標達成まで、プロジェクトの特性や実施者の性格に応じて、適切なアドバイスをしてくれるクラウドファンディングの専門家のことをいいます。

☞ **POINT**

● プラットフォームが決まったら、アカウントを作成して、会員登録をします。

● 特に初めての場合は、事業者の相談窓口やキュレーターに相談します。

(3)　プロジェクトページを作成する

①　クラウドファンディングの５Ｗ２Ｈとは

　プロジェクトページには、予定しているプロジェクトのタイトルや概要、目標金額、リターンの内容、募集する期間などを入力していきます。

　公開されると、プロジェクトページに記載された内容が、そのまま募集期間中クラウドファンディングのサイトに掲載されることになります。

　支援者の心に響くプロジェクトページをつくるためには、まずクラウドファンディングの５Ｗ２Ｈを明確にすることが大切です。ここがしっかり固まっていないと、プロジェクトページを埋めていくことができません。

クラウドファンディングの５Ｗ２Ｈとは、

　　・何のために　　Why

　　・誰のために　　Who

　　・何を　　　　　What

　　・いつまでに　　When

　　・どこで　　　　Where

　　・どうやって　　How

　実行するのか。そのためには

　　・いくらの資金が必要なのか　How much

　を整理することをいいます。

②　何のために Why を考える

　自分は何者なのか、自分または自社のプロフィールを棚卸しします。これまでの経歴や経験を洗い出し、なぜ自分の会社はそのプロジェクトを行うのか、そのプロジェクトを行うのがなぜ他の会社ではなく自社でなければならないのかなど、プロジェクトに対する熱い想いを言語化します。

　プラットフォームを訪問するほとんどの人は、実施者のことを知りません。プロフィール欄には、プロジェクトに関連する経歴や人生の出来事を中心に記載します。単なる出身地や出身大学、職歴、持っている資格などでプロジェクトと関係がないものは、思い切って割愛しましょう。プロジェクトと関係のない部分でどんなに優れているかとか、苦労したとかは、支援者にとってはどうでもよいことだからです。これまで生きてきた経歴のうち、なぜそのプロジェクトを行うのか、プロジェクトにかけるエネルギーの源泉がどこにあるのかなど支援者に伝えたい部分を洗い出すとよいでしょう。

事例の松葉杖の場合は…

　日本で松葉杖というと、重くてファッション性ゼロ。「使えればいい」という代物でした。南アフリカ製モデルのおしゃれで軽い松葉杖は多くの利用者の支持を得ていましたが、政情不安のあおりを受けて製造中止に。製造中止になって初めて、あの松葉杖でなければダメなんです！　という利用者の悲鳴のような声がたくさん寄せられるようになりました。自社の松葉杖がどれだけ役に立っていたのかをあらためて知り、感激。採算に不安はありましたが、待っていてくれる人のために自社でつくることを決意しました。

☞ **POINT**

◉自分は何者なのか、自分または自社のプロフィールを棚卸しします。

◉なぜ自分（の会社）はそのプロジェクトを行うのかを、言語化します。

◉プロジェクトに関係のない経歴は切り捨てます。

③　誰のために Who を考える

　そのプロジェクトで助けたい人は誰なのか、ターゲットを明確にします。お客さまは、いま何かに困っていて、自社の商品やサービスを購入することで、その困った状態を改善することができるはずです。または、自社の商品やサービスを利用することで、楽しい時間を体験したり、幸せな気分になれたりできるはずです。

　まず、自社のターゲットをひとりだけイメージしてください。性別や年齢、職業、家族の有無。住んでいる場所、好きな食べ物、嫌いな食べ

物、好きなタレント、読んでいる本、休日は何をして過ごしているかなどをイメージしてみます。

　そしてその人が、いま何に困っているのかを想像してください。その人は自社の商品やサービスを利用することで、どのようにその困った状態を改善することができるでしょうか。

　自社の商品やサービスを購入することで、ターゲットの置かれている状況がどのように変化するかを明確にイメージし、言語化していきます。そうすることで、初めて想いが他者（支援者）に伝わります。

事例の松葉杖の場合は…

　ターゲットにしたのは、交通事故で松葉杖が必要になった27歳の女性会社員。靴を履いて歩くのと同じように、外出するためには松葉杖が必要です。事故にあったために、友達との旅行にも、ショッピングにも行きたくなくなってしまいました。靴と同じように、カラフルでおしゃれな松葉杖を選ぶことができれば、外出も楽しくなり、前向きな気持ちになれます。

☞ **POINT**

● そのプロジェクトで助けたい人は誰なのか、ターゲットをひとりだけイメージします。

● そのターゲットが、いま何に困っているのかを具体的に想像してください。

● 自社の商品を利用することで、ターゲットの置かれている状況がどのように変化するかを明確にイメージし、言語化します。

④　何を What を考える

ⅰ）支援金と引き換えに提供できる価値を言語化する

　　プロジェクトで紹介したい商品やサービスの内容を、文章や写真、動画を使って説明します。支援者であるお客さまは、実施者が提供するリターン（価値）に対する見返りとして、支援金（代金）を払ってくれます。これはつまり、クラウドファンディングのプラットフォーム上で、実施者が提供する価値とお客さまが払う代金（支援金）との価値の交換が行われることを意味しています。

　　価値の交換を行うためには、自社がどんな価値を提供できるかを、支援者にアピールしなければなりません。商品やサービスによって提供できる価値は、次の3つに分けて考えます。

　　・目に見える価値
　　・目に見えない本質的な価値
　　・商品やサービスに付随して発生する付加的な価値

ⅱ）目に見える価値とは

　　商品が提供する表面的な便益やサービスのことで、支援者（お客さま）にとっての直接的な購入の動機となるものです。

　　どんな場面で、どんな時に使うのか、どういう効果を期待できるのか、商品のスペックや性能の良さ、材質、大きさ、軽さなどを物質的な側面から説明します。

　　商品のスペックや使用方法などは、文章よりも写真や動画の方が説得力があります。商品の見た目や特徴が一目でわかる写真や動画を用意しましょう。

　　また、どのような場面で使うのか、どのような使い方がよいのかなども、写真や動画の方が伝わります。新商品を製造する場合は、製造過程を動画にしてアップするのも効果的です。

事例の松葉杖の場合は…

　日本人の体格にマッチした軽くて機能性の高い松葉杖。人間工学に基づき、「腕の角度が変えられること」が、この松葉杖の最大の特徴です。腕の角度が変えられることで、手や手首だけで体重を支えなければならなかった従来の松葉杖と比べ、使う人の負荷を最大で6分の1にまで減少させることができます。

　商品のことがよくわかるよう、松葉杖や金型のイメージ、実際に使っている人の写真を用意しました。

iii) 目に見えない本質的な価値とは

　購入にあたって、支援者（お客さま）が無意識に選別の根拠にしている、商品やサービスの本質に関わる価値のことです。支援者の感性や好き嫌いの感情に訴えるもので、特にクラウドファンディングで共感を呼ぶためには重要な要素となります。

　ネーミングやキャッチコピー、パッケージやデザイン、ロゴなど商品やサービスが醸し出すイメージを大きく左右するものは、この本質的な価値をふまえて決定することが重要です。

事例の松葉杖の場合は…

　おしゃれでファッショナブル。カラーバリエーションも豊富なので、靴を選ぶように、松葉杖も選ぶことができます。気持ちが明るくなり、人生に対して前向きになれるのが、この商品が持っている本質的な価値です。

　そこで、動画を使って、この商品の持つ明るいイメージをアピールしました。

iv)　商品やサービスに付随して発生する付加的な価値とは

　　商品やサービスが本来持っている価値ではありませんが、購入後に付加的に得られる便益のことをいいます。いわゆる「おまけ」といわれるものですが、商品自体に魅力は感じているけれど、実際に購入という行動を起こすかどうか迷っている支援者（お客さま）の背中を押してくれる効果があります。

> **事例の松葉杖の場合は…**
>
> 　高額リターンとして、この松葉杖のビジネス展開に参加できる権利を用意しました。この新しい松葉杖が完成すれば、日本で他に類を見ない製品となるので、今後のビジネスパートナーとの出会いも期待してこのようなリターンを用意しました。

☞ **POINT**
- ●自社が提供できる価値を、３つに分けて考えます。
- ●目に見える価値とは、仕様や特徴など商品が提供する表面的な便益やサービスのことです。
- ●目に見えない本質的な価値とは、無意識に選別の根拠にしている商品やサービスの本質に関わる価値のことです。
- ●商品やサービスに付随して発生する付加的な価値とは、購入後に付加的に得られる便益のことをいいます。

⑤　いつまでに When を考える

　いつまでに何を達成するのか、プロジェクトのビジョンを決めます。ビジョンとはプロジェクトの最終形をイメージして言語化することです。どんなに素晴らしい企画でも、いつ商品が完成するのか、いつリター

ンがもらえるかわからないと、支援者は安心して応援しようという気持ちになれません。

　事業計画の策定にあたっては、いつまでに支援金（資金）が必要なのか、その支援金を使って、いつまでに誰が何をするのか、いつまでに商品を完成させるのか、いつからサービスの提供を始めるのか、いつから販売を開始するのか、広報や営業活動は誰がいつから始めるのか、できあがった商品をリターンとして提供する場合にはいつまでにリターンを送れるかなど、When を意識して、具体的な To Do リストをつくります。

　To Do リストを実効性のあるものにするには、責任者と期限を明確にすることが大切です。「何を」「誰が」「いつまでに」「誰と」「どうやって」「どれだけ」などの項目を作成して、クラウドファンディング・チームで共有しましょう。

事例の松葉杖の場合は…

　金型の製作には、発注してから完成まで3か月かかります。クラウドファンディング事業者からの入金に要する期間と製作に要する期間を考慮して、事業計画書を作成しました。

　金型完成後に、製品である松葉杖をリターンとして送ることができる時期を計算し、無理のない計画を立てられるように注意しました。

☞ **POINT**

◉いつまでに何を達成するのか、プロジェクトのビジョンを決めます。

◉プロジェクトの最終形をイメージして、言語化します。

◉ビジョンを達成するための To Do リストを作成します。

⑥　どこで Where を考える

ⅰ）事業ドメインとは

　　企画しているプロジェクトの事業ドメインを決めます。事業ドメインとは、ビジネスを展開するエリアのことです。事業ドメインには、文字どおり商品を販売したりサービスを提供したりする物理的なエリアと、支援者（お客さま）の属性の2種類があります。

ⅱ）物理的なエリアとは

　　物理的なエリアとは、品川区とか東京都内、日本国内など、商圏やサービスを提供できる範囲のことをいいます。カンボジアなど海外での販売を想定しているケースや、インターネットを使って、世界中をカバーしているというケースもあるでしょう。

　　クラウドファンディングはインターネット上で拡散され、全世界に向けて発信できるので、支援者がどこに住んでいるかを考慮する必要はありません。しかし、例えば地域密着型のプロジェクトを実行するためには、その地域の特性や課題に沿った事業戦略が必要になってきます。小さな商圏で事業を行うのか、大きな商圏をターゲットにするのか、それぞれのドメインに適した販売戦略や宣伝方法を考えるためにも、物理的な事業ドメインを決めることは重要な意味を持っています。

ⅲ）支援者（お客さま）の属性とは

　　支援者（お客さま）の属性とは、ターゲットとなる支援者（お客さま）が共通して持っている特徴のことです。商品やサービスのスペックがどんなに優れていても、商品そのものに興味のない人の心には響きません。特に、支援者となってまだ完成もしていない商品にお金を払ってもらうためには、共感し、価値を感じてもらい、応援しようと

いう感情に強く訴えかける必要があります。

　プラットフォーム利用者のうち、④で考えた自社が提供できる価値に対して、興味を示し、共感してくれる人は、どういう共通項を持っているかを探します。同じような考え方や価値感を持っている人を見つけるためには、その人たちの共通項をセグメントする方法が有効です。

　ターゲットとなる支援者の属性は、例えば年齢や性別、職業、収入、家族構成、趣味、共通する好きなもの・嫌いなもの、保守的か新しいもの好きかなど、さまざまな観点から絞りこんでいきます。

事例の松葉杖の場合は…

　まずは日本国内での販売を目指しますが、将来は海外にも販路を広げていく予定です。

　他の松葉杖と比較すると高価格商品となるため、年収 700 万円以上で、生活にゆとりのある 30 代から 60 代までの、いわゆる現役世代をターゲットにしました。

☞ **POINT**
- ●プロジェクトの事業ドメインを決めます。
- ●事業ドメインには、商品を販売したりサービスを提供したりする物理的なエリアと、支援者（お客さま）の属性の2種類があります。
- ●事業ドメインの検討は、販売戦略や宣伝方法を考えるために有効です。

⑦　どうやって How を考える

　クラウドファンディングの目的となる商品やサービスは、まだこの世に存在していないものです。ただ夢を語るのではなく、どうやってプロジェクトを実現するのか、商品化のプロセスを示すことが、プロジェクトへの信頼を勝ち取るためにも大切です。どんなに夢のある商品やサービスでも、実現までのプロセスに共感してもらえなければ、実際にお金を払ってもらう行動には結び付きません。

　単に「こんな商品をつくりたいです」ではなく、「どうすればつくれるのか」、実現までの工程を丁寧に伝えることで、説得力のあるプロジェクトページをつくることができるのです。

　プロジェクト達成までのプロセスを明らかにするうえでは、当然リスクや課題も発生します。これらのネガティブな情報も隠さず開示することで、結果的により多くの支援者から応援してもらうことが可能になります。

> **事例の松葉杖の場合は…**
>
> 　松葉杖の使い方を写真や動画で説明すると同時に、製造に欠かせない金型モデルを写真で紹介しました。
> 　予算の制限から完全日本製ではなく、中国で製造せざるを得ないことを正直に伝えることにしました。

☞ **POINT**
- どうやってプロジェクトを実現するのか、そのプロセスを文章だけでなく写真や動画で説明します。
- リスクやプロジェクトが抱える課題などがあれば、その情報も開示します。

⑧　いくらの資金が必要なのか How much を考える

　クラウドファンディングの目的は、資金調達です。プロジェクト遂行までに、どのくらいの費用がかかるのか、プロジェクトのために使える自己資金はどのくらいあるのか、融資など他の方法で調達できる金額はあるのかなどを検討し、最終的にクラウドファンディングで集めたい金額がいくらなのかを計算します。

　目標金額を設定するには、商品をつくるためのコストだけでなく、クラウドファンディング事業者に払う手数料や、リターンの品物を送るためのコスト、人件費も見込んでおく必要があります。

　集めた支援金の使い途は、プロジェクトページ上に公開しましょう。資金の使い途をオープンにすることは、出資金がどのように使われるか確認できるので、そのプロジェクトを応援したいという支援者の気持ちを後押しする効果があります。

事例の松葉杖の場合は…

　金型を１サイズ製作するために必要な資金は500万円です。支援金でSサイズ・Mサイズ・Lサイズの3種類の金型を製造したいという気持ちではあるけれど、確実に1サイズ分の金額を獲得するために、目標金額を500万円に設定しました。

　金型製造のコスト以外で発生する事業者への手数料85万円とリターンの発送にかかる費用20万円は、自己資金でまかなうことにしました。

> ☞ **POINT**
> ◉自己資金や融資など他の方法で調達できる金額を検討し、最終的にクラウドファンディングで集めたい金額がいくらなのかを計算します。
> ◉商品をつくるためのコストだけでなく、クラウドファンディング事業者に払う手数料や、リターンの品物を送るためのコスト、人件費なども見込んでおく必要があります。
> ◉支援金の使い途は、プロジェクトページ上で公開します。

⑨　プロジェクトのタイトルを決める

ⅰ)　興味をひくタイトルのつくり方

　クラウドファンディングには、原則的に誰でも実施者として参加できるので、どのサイトにも似たような内容のプロジェクトがあふれています。画面には、数多くのタイトルが並んでいるだけなので、どんなにプロジェクトの内容が素晴らしくても、凡庸なタイトルではスルーされておしまいです。サイトの訪問者にタイトルをタップしてもらい、プロジェクトの内容を読んでもらうためには、支援者の興味をひくタイトルが必須です。

　プロジェクト成功の鍵を握る魅力的なタイトルには、次のような共通点があります。

・プロジェクトの内容やコンセプトが一目でわかる

・エッジを効かせた文言を使っている

・数字を効果的に取り入れている

　それぞれ、詳しくみていきましょう。

ii) プロジェクトの内容やコンセプトが一目でわかる

　支援者はタイトルを見て、自分が興味のあるプロジェクトかどうか
を瞬時に判断します。タイトルの内容が一目でわかるプロジェクトは、
それだけ興味のある支援者がページを開いてくれる機会が多いという
ことです。

　わかりやすいタイトルの具体例としては、下記のようなものがあり
ます。いずれも、タイトルを見ただけで、プロジェクトやリターンの
内容を具体的にイメージすることができます（READYFOR より。
以下同様）。

　　例）アフリカの農家と二人三脚で、理想の干しいも＆ドライマン
　　　　ゴーを作る！

　　例）包丁の切れ味が変わる！超高性能！COCOCORO ゴムまな板

iii) エッジを効かせた文言を使っている

　少しでも多くの支援金を集めるためには、毎日のように掲載される
新着プロジェクトの中で、存在感を際立たせる必要があります。その
ためには、タイトルの中に「ナニ、これ？」とサイトの訪問者の感性
にひっかかる文言を入れておくと効果的です。

　下記の例では、「健康的すぎる」という文言が、鯖バーガーをもっ
と詳しく知りたいという気持ちにさせる役割を果たしています。

　　例）ブレイク寸前！健康的すぎる鯖バーガー専門店　大久保にオー
　　　　プン

iv) 数字を効果的に取り入れている

　単に安いとか、軽い、早いなどの形容詞だけでは、タイトルを読ん
だ人の心に、商品の良さは刺さりません。具体的な数字は、安いとか
軽いなどの形容詞よりも、支援者の興味をひくパワーワードなのです。

　下記の例では、タイトルに数字を入ることで、レーザー加工機が自分にも手の届く低価格の商品だということをアピールしています。と同時に、単に安いという文言を使わないことで、商品に対する信頼感を獲得することにも成功しています。

　例）モノづくりが、変わる。5万円台のレーザー加工機FABOOL

事例の松葉杖の場合は…

　プロジェクトの内容が一目でわかるタイトルにすることを最優先しました。特に、クラウドファンディングを行う自社の想いと、プロジェクトの成功を願っている人の想いが伝わるようにしたいと考えて、「復活希望の声に応え、製造中止の高機能松葉杖を再生産したい！」に決めました。

☞ **POINT**

◉数あるプロジェクトの中から自社を選んでもらうためには、支援者の興味をひくタイトルが必須です。

◉魅力的なタイトルに共通するポイントは次の3つです。

　①　プロジェクトの内容やコンセプトが一目でわかる

　②　エッジを効かせた文言を使っている

　③　数字を効果的に取り入れている

⑷　リターンを決める

①　リターンを決めるための基本的な考え方

　購入型クラウドファンディングでは、支援者に対して、支援金に応じて必ずお返しをしなければなりません。魅力的なリターンの設計は、ファ

ンディング成功の鍵を握る最も大切なファクターといっても過言ではありません。

　クラウドファンディングでお金を払ってくれる人は、単にモノが欲しいだけのお客さまではなく、自社の挑戦や、想いのこもった夢の実現を応援してくれるサポーターです。したがって、通常の EC サイトと同じように、自分が売りたい商品だけを並べておけばよいという考え方は禁物です。クラウドファンディング特有の応援心理を理解しつつ、下記のポイントに注意して、リターンを考えるとよいでしょう。

　魅力的なリターンを設計するための基本的なプロセスは、以下のとおりです。

・リターンのグランドデザイン（全体像）をイメージする

・ターゲット支援者をグルーピングしてシミュレーションを行う

・粗利益の計算をする

・クラウドファンディングならではの特別感を演出する

---

②　リターンのグランドデザイン（全体像）をイメージする

　最初に、何人の支援者から、いくらずつ支援してもらえれば目標額を達成できるのか、全体像をイメージし、予算を立てます。

　例えば、目標金額が 500 万円の場合で、支援金の平均が 1 万円だとすると、500 人に支援してもらわないと、目標は達成できないことになります。自社のコアな顧客やファンの数などを考慮し、500 人は実現可能な数字なのかと考えてみます。購入型の場合、プロジェクトの商品やサービスがリターンの大部分を占めるので、その価格を中核にリターン全体の基本設計を行うことになります。

　基本となるリターンのイメージができたら、3,000 円程度の少額なプラン、万円単位のプラン、数十万円規模の大口プランなど、複数のプラ

ンを考えます。プランの数が少ないと支援者は選ぶ楽しみがなくなりますし、反対に多すぎても迷ってしまって決めきれません。実施者としても管理が大変になるので、5種類から10種類程度のリターンを用意するのが一般的です。

③　ターゲット支援者をグルーピングしてシミュレーションを行う

　クラウドファンディングでは、支援者の約3分の1が既存支援者（既存顧客）といわれています。そこでリターンの設計を行う際には、まず支援してくれそうな人の顔を思い浮かべて、集まりそうな支援金の見込リストを作成します。「この人なら、この金額で、こういうリターンを支援してくれるはず」などとイメージしながら、払ってくれそうな金額の総額を計算します。この段階で、目標金額の3分の1をクリアできていれば、成功の確率がぐんと高くなります。

　次に、ターゲット支援者を属性ごとに分類し、各グループに適したリターンの内容を予測し、グループごとの人数とリターンの金額と掛け合わせていきます。リターンの種類ごとに予測した支援金の総額が目標金額を上回るかシミュレーションしておくことで、現実味のあるクラウドファンディングが可能になるというわけです。

【リターンの予測シミュレーション】

リターンの種類	金額	支援者数	支援金の額
リターンA	3,000 円	100 人	300,000 円
リターンB	5,000 円	80 人	400,000 円
リターンC	10,000 円	50 人	500,000 円
リターンD	20,000 円	30 人	600,000 円
：	：	：	：
リターンJ	1,000,000 円	1 人	1,000,000 円
合計			5,500,000 円

④　粗利益の計算をする

　リターンとして提供する商品やサービスの原価計算をします。通常の販売に照らし合わせて考えると、支援金の額が売上、リターンとして提供する商品の原価が売上原価になります。

　せっかく目標金額を集めることに成功しても、リターンを送った後、手元にお金が残らないという事態になっては、クラウドファンディングをする意味がありません。

　リターンの設計にあたっては種類ごとに、支援金の額と品物やサービスの原価を比較し、粗利益が最大になるように計算することが大切です。クラウドファンディングの支援金には、あらかじめ消費税が含まれているので、別途請求することはできません。粗利益の計算にあたっては、その他リターンの送付にかかる運送費や人件費なども加味して、原価計算を行う必要があります。

⑤　クラウドファンディングならではの特別感を演出する

　支援者は、まだ完成していない商品やサービスを購入してくれるありがたいサポーターです。通常の EC サイトではなくクラウドファンディングのサイトで購入してもらうための理由を、支援者に示しましょう。

　支援に対するお礼として、クラウドファンディングならではの特典を付けることで、支援者の応援したいという気持ちを後押しすることができます。クラウドファンディング限定商品、クラウドファンディング特別割引などとアピールすると効果的です。特に高額リターンについては、「残り○○個」のように限定数を設定すると、より特別感を感じてもらうことができます。

事例の松葉杖の場合は…

できるだけ多くの人から支援してもらうために少額のプランと、目標金額達成のためにプレミアム感を演出する特別プランを設定しました。

① 3,000円　サンクスレター・会員証

② 10,000円　サンクスレター・HPへの氏名掲載・会員証・商品券

③ 22,000円　サンクスレター・HPへの氏名掲載・会員証・松葉杖1点

④ 30,000円　サンクスレター・HPへの氏名掲載・会員証・商品券・完成披露パーティーへの招待

⑤ 40,000円　サンクスレター・HPへの氏名掲載・会員証・松葉杖2点

⑥ 50,000円　サンクスレター・HPへの氏名掲載・会員証・松葉杖1点・商品券・松葉杖の無料修理券

⑦ 100,000円　サンクスレター・HPへの氏名掲載・会員証・松葉杖1点・商品券・名前入りオリジナル松葉杖・松葉杖の無料修理券

⑧ 200,000円　サンクスレター・HPへの氏名掲載・会員証・松葉杖2点・商品券・名前入りオリジナル松葉杖・完成披露パーティーへの招待・松葉杖の無料修理券

⑨ 500,000円　サンクスレター・HPへの氏名掲載・会員証・松葉杖22点を希望の施設に寄贈

⑩ 500,000円　サンクスレター・HPへの氏名掲載・会員証・本件松葉杖の今後のビジネス展開について実施者と相談できる権利

⑪ 1,000,000円　サンクスレター・HPへの氏名掲載・会員証・松葉杖50点を希望の施設に寄贈

⑫ 1,000,000円　サンクスレター・HPへの氏名掲載・会員証・本件松葉杖の今後のビジネス展開について実施者と優先的に相談できる権利

☞ **POINT**

●魅力的なリターンの設計は、ファンディング成功の鍵を握る最も大切なファクターです。

●魅力的なリターンを設計するためのプロセスは、以下のとおりです。

①　リターンのグランドデザインをイメージする

②　ターゲット支援者をグルーピングしてシミュレーションを行う

③　粗利益の計算をする

④　クラウドファンディングならではの特別感を演出する

⑸　クラウドファンディング事業者の審査を受ける

　購入型クラウドファンディングは、誰でも実施することができますが、全く無条件というわけではありません。資金を集めたい実施者と資金を支払う支援者との間でトラブルが発生するのを防ぐため、公開前にクラウドファンディング事業者による審査が行われます。

　各事業者とも審査基準は明らかにしていませんが、金融機関から融資を受ける際のような厳しいものではありません。クラウドファンディング事業者にとって最も避けたい事態は、目標額を達成したにもかかわらず、実施者がプロジェクトを実行しなかったり、約束したリターンを支援者に送らなかったりすることです。

　したがって購入型クラウドファンディングでは、企画したプロジェクトや設定したリターンの実現性が、主な審査の対象となります。プロジェクトの内容が著しく実現性が低かったり、不当景品類及び不当表示防止法など広告規制関連の法律に抵触していたりすると、プロジェクトの変更を求められたり、プロジェクトそのものが却下されることもあります。

☞ **POINT**
- ●プロジェクトの公開前には、クラウドファンディング事業者による審査が行われます。
- ●購入型クラウドファンディングでは、企画したプロジェクトや設定したリターンの実現性が、主な審査の対象となります。

(6)　プロジェクトページをブラッシュアップする

　初めてクラウドファンディングにチャレンジする場合は、クラウドファンディング事業者からのサポートを受けるのがよいでしょう。例えばREADYFORの場合は、フルサポートプランを選択するとキュレーターに相談しながらプロジェクトページをつくっていくことができます。キュレーターとは、クラウドファンディング事業者のスタッフで、プロジェクトの起案から目標達成まで、実施者を徹底的にバックアップしてくれるクラウドファンディングのプロフェッショナルです。

　キュレーターのアドバイスにしたがって、目標金額の設定やターゲット支援者の設定、リターンの設定は適切か、商品の説明は十分できているか、プロジェクトの見せ方はターゲットに伝わるレベルに到達しているかなど、５Ｗ２Ｈ（87ページ参照）を整理し、公開に向けてプロジェクトページのブラッシュアップを行います。

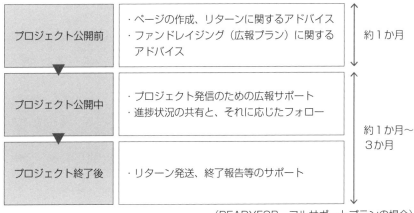

プロジェクト公開前	・ページの作成、リターンに関するアドバイス ・ファンドレイジング（広報プラン）に関する 　アドバイス	約1か月
プロジェクト公開中	・プロジェクト発信のための広報サポート ・進捗状況の共有と、それに応じたフォロー	約1か月〜 3か月
プロジェクト終了後	・リターン発送、終了報告等のサポート	

（READYFOR　フルサポートプランの場合）

☞ **POINT**

◉初めてクラウドファンディングにチャレンジする場合は、キュ
　レーターに相談しながら進めます。

◉キュレーターとは、プロジェクトの起案から目標達成まで、実施
　者を徹底的にバックアップしてくれる担当者です。

◉キュレーターのアドバイスにしたがい、公開に向けてプロジェク
　トページのブラッシュアップを行います。

(7)　公開する

　プロジェクトページが一定のレベルに到達したら、いよいよ公開です。クラウドファンディング事業者によって異なりますが、通常は審査が終了すると、次のような手順で公開となります。

　まず、クラウドファンディング事業者がプロジェクトページを公開可能なステータスに変更します。どのタイミングで公開するかを最終的に決めるのは、クラウドファンディング実施者です。実施者が公開ボタンを押すと、プロジェクトページの掲載が始まり、クラウドファンディングの募集がスタートします。

☞ **POINT**

- ●プロジェクトページが完成すると、公開です。
- ●クラウドファンディング事業者がプロジェクトページを公開可能なステータスに変更します。
- ●どのタイミングで公開するかを最終的に決めるのは、クラウドファンディング実施者です。

【クラウドファンディングの流れ（購入型）（例）】

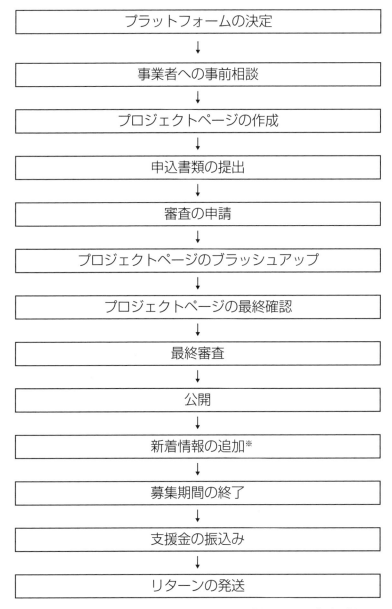

プラットフォームの決定

↓

事業者への事前相談

↓

プロジェクトページの作成

↓

申込書類の提出

↓

審査の申請

↓

プロジェクトページのブラッシュアップ

↓

プロジェクトページの最終確認

↓

最終審査

↓

公開

↓

新着情報の追加※

↓

募集期間の終了

↓

支援金の振込み

↓

リターンの発送

※　事業者により追加できない場合があります。

3　クラウドファンディング成功のためにやるべきこと

(1)　公開前にどれだけ告知できるか

　クラウドファンディングの成功は、スタートダッシュで決まるといっても過言ではありません。公開から5日以内に20%以上の支援金を集めたプロジェクトの成功率は約90%、公開から5日以内に達成率が10%以上の場合、成功率は約70%といわれています。

　スタートダッシュに成功するためには、なんといっても事前の告知が大切です。実施者を応援したいと思っているコアなファンでも、クラウドファンディングの情報を事前に知っていなければ、公開直後に支援金を払うのは難しいでしょう。プロジェクトへの共感度が高そうな既存客や自社の挑戦を応援してくれそうな見込み客に、事前に情報を伝えておくことは、成功につながるスタートダッシュを切るために必須です。

　事前告知は、FacebookやTwitterなどのSNSや、ブログ、メルマガなどを使うのが効果的です。告知する内容は、クラウドファンディングの説明、プロジェクトの内容、クラウドファンディングにかける想い、プロジェクトの公開予定日などです。事前告知で特に重要なのは、なぜクラウドファンディングを行うのか、ということです。プロジェクトにかける熱い想いをつづり、SNSに投稿しましょう。最初の告知でインパクトを与えることができれば、SNS上のシェア機能を使って、クラウドファンディングの情報は開始前から「友達の友達」へひろがっていく可能性が高くなります。

【プロジェクト募集期間中の推移】

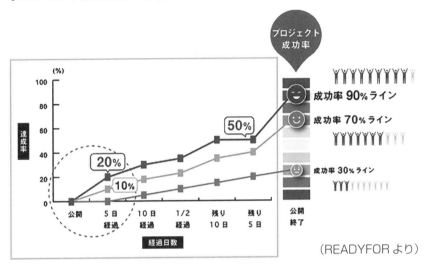

（READYFOR より）

☞ **POINT**

●クラウドファンディングの成功は、スタートダッシュで決まります。

●スタートダッシュに成功するためには、なんといっても事前の告知が大切です。

●事前告知は、Facebook や Twitter などの SNS や、ブログ、メルマガなどを使うのが効果的です。

(2)　目標達成に向けて、公開後にやるべきこと

①　スタートダッシュで勢いをつける

　スタートダッシュ期間とは、プロジェクトが公開されてから最初の5日間をいいます。この間に、20% もしくは 10% の目標金額を達成できれば、プロジェクトはぐっと成功に近づきます。スタート直後のプロジェ

クトは、多くのサイトで新着情報として紹介され、訪問者の注目を集めやすくなっています。スタートしたばかりにもかかわらず、すでに多くの支援金が集まっていると、プロジェクトに対する信頼感が増し、さらに多くの支援金を集めやすくなるという相乗効果をもたらします。

　スタートダッシュで加速するためには、次のような発信が効果的です。

- ・　事前にメッセージを送ったコアなファンにプロジェクトが公開されたことを感謝の気持ちを添えて伝える。
- ・　Facebook や Twitter などの SNS にプロジェクトを公開したことと、長い準備期間を経てクラウドファンディングがスタートしたことに対する感謝の気持ちを投稿する。
- ・　プラットフォームで用意されている告知ページに公開後の感想やあらためてプロジェクトに対する想い、サポートしてくれる人から届いたメッセージなどを書き込んで更新する。

②　中だるみを防ぐ

　スタートダッシュで順調に支援金が集まっていても、クラウドファンディングを開始して5日も経つと、支援金が伸び悩んできます。クラウドファンディングでは、開始直後の5日間と終了前5日間に、支援金が集まりやすい傾向にあるからです。

　この開始直後・終了直前の間にあたる期間中は、告知ページの更新※、SNS などを使った発信、応援してくれそうな人へのオフラインでの説明など、地味な活動を継続することが大切です。

　ラストスパートまでに50％の達成率を目指して、自社のプロジェクトをできるだけ多くの人に知ってもらう取り組みを、毎日コツコツと続けます。発信すべき内容としては、プロジェクトページには書ききれなかった具体的なエピソードや、メンバーの紹介、クラウドファンディングの期間中に感じたこと、感謝の気持ちなどです。こうした地道な発信

を継続することで初めて、実施者の熱意が周りに伝染し、ラストスパートでの支援を呼び込むことが可能となってきます。

※　一度公開されたプロジェクトは実施者が編集できないものもあります。

③　ラストスパートで目標金額を達成する

　ラストスパート期は、111ページの図にあるように、最も支援金が集まりやすい時期です。特に、あと少しで目標額に届くという状況は、支援しようかどうか迷っている人たちの背中を押してくれる期間といえます。

　ラストスパート期には、これまでプロジェクトを周知してきた人たちに向けて再度メッセージを送ったり、FacebookなどのSNSやメルマガを使って、いよいよラスト○日であることを発信します。発信する内容は、現在の目標達成率や、プロジェクトに対する想い、クラウドファンディングに成功したら成し遂げたい夢、ここまでの応援に対する感謝の気持ちなどです。まだ目標金額に到達していない場合は、SNS上で情報を拡散してほしい旨を依頼します。

　募集期間を通して、告知ページの更新を続けたり、SNSを通じて発信を続けた努力は、目標金額達成という成果となって必ず報われます。

　（参考：READYFORサプリ　https://readyfor.jp/sapuris/3）

☞ **POINT**

◉クラウドファンディングの成功は、スタートダッシュで決まります。スタートダッシュで加速するためには、SNSなどでの事前の告知が有効です。

◉クラウドファンディングでは、開始直後の５日間と終了前５日間に、支援金が集まりやすいといわれています。

◉募集期間中は、告知ページの更新、SNSなどを使った発信、応援してくれそうな人へのオフラインでの説明など、地味な活動を継続することが大切です。

4 クラウドファンディング終了後にすべきこと

(1) お礼のメッセージを送る

　クラウドファンディング期間が終了したら、目標額を達成したか否かにかかわらず、お礼のメッセージを送ります。支援金を払ってくれた人はもちろんのこと、開始前や期間中にクラウドファンディングへの応援を依頼した人すべてに、感謝の気持ちと最終的に集まった支援金の額を報告します。Facebook やブログなど SNS 上で情報を発信した場合は、同じメディアを使って、終了の報告と感謝の気持ちを伝えます。

　目標金額に達した場合や、All in 方式で資金調達した場合は、今後の事業展開とスケジュール、リターンの発送時期についての報告も忘れずに行います。All or Nothing 方式でチャレンジし、残念ながら目標額に到達しなかった場合でも、計画していたプロジェクトを今後どうするのかについて、きちんと報告する姿勢が大切です。

　クラウドファンディングは、何回でもチャレンジすることができます。応援してくれた人たちにきちんとお礼を伝えることは、次回以降のファンディングにつながる大切なプロセスです。

(2) 集まった支援金を受け取る

　All or Nothing 方式で目標額を達成した場合と、All in 方式の場合には、クラウドファンディング事業者から、手数料を差し引いた後の金額で、支援金が振り込まれます。支援金が振り込まれるタイミングは、事業者との契約であらかじめ決まっているので、再度確認しておきましょう。

　支援金が届いたら、事業計画に沿って、プロジェクトを実行します。

　All or Nothing 方式で目標額に到達しなかった場合は、集まっていた支援金が振り込まれることはありませんが、リターンを履行する義務も

発生しません。

(3)　約束したリターンを履行する

　購入型クラウドファンディングは、品物やサービスの販売を行う通常の商取引と同じです。支援者（お客さま）に引き渡す前に、料金を前金で受け取っている状態なので、特にリターンの発送や発送時期には気を遣う必要があります。まずは、支援してもらった金額ごとに支援者リストを作成し、万が一にもリターンの送り忘れが発生しないよう管理します。

　クラウドファンディングで支援してくれた人は、将来にわたって自社のコアな顧客となってくれたり、ファンとなって商品の良さを SNS 上に拡散してくれたりする可能性が高い人たちです。

　反面、ここで丁寧な対応を怠ると、かわいさ余って憎さ百倍となり、アンチとなってしまう可能性があるので注意が必要です。リターンの発送が予定よりも遅れそうな場合には、その旨を早めに連絡するなど、まめにコミュニケーションをとることを心がけましょう。

(4)　継続的な活動報告を行う

　プロジェクトを進めていくうえで、定期的に進捗状況を支援者（お客さま）に報告することが非常に重要です。支援者は、すでに代金を払っており、商品が届くのを楽しみに待っている状態だからです。

　あとどのくらい待てば品物が届くのか、新商品の製造はどこまで進んでいるのか、文章だけでなく、写真や動画を使ってまめに報告することで、より一層、商品に対するロイヤリティを高めることができます。

☞ **POINT**

● 募集期間が終わったら、目標額に達したか否かにかかわらず、すぐにお礼のメッセージを送ります。

● 購入型クラウドファンディングでは、特にリターンの発送が重要です。送り忘れがないように、支援金額ごとに支援者リストを作成します。

● プロジェクトを進めていくうえで、支援者（お客さま）に定期的に進捗状況を報告します。

5　投資型クラウドファンディングの場合の留意点

(1)　株式投資型クラウドファンディングの場合

①　法律による規制

　株式投資型クラウドファンディングと購入型クラウドファンディングとの最大の違いは、リターンとして提供するものが、株式や新株予約権証券であるという点です。そのため、株式投資型クラウドファンディングは購入型や寄付型と異なり、会社法や金融商品取引法など株式発行に関する法律の規制を受けることになります。

　まず、少額の株式投資型クラウドファンディング業務のみを行う事業者は、第一種少額電子募集取扱業者の登録が義務付けられています。「電子募集取扱業者」という名称のとおり、投資家の募集から申込みまでを、インターネット上で完結しなければなりません。投資を勧誘する方法は、ウェブサイトを閲覧させる方法または電子メールを送信する方法に限定されており、電話や訪問による勧誘は禁止されています。

　第一種少額電子募集取扱業者が自社のプラットフォーム上で株主を募集する際は、少額要件を満たさなければならないという制限もあります。少額要件は、発行会社側と投資家側のいずれにも定められており、それぞれ次のようになっています（金商法29の4の2⑩、金商法施行令15の10の3）。

　a)　発行会社側の制限

　　同一の会社が資金調達を行うことができる発行価額の総額は、1年間に1億円未満であること

　b)　投資家側の制限

　　1人の投資家が投資できる金額は、同一の会社が発行する株式につき1年間に50万円以下であること

　（参考：日本証券業協会　株式投資型クラウドファンディング業務

https://www.jsda.or.jp/about/jishukisei/words/0291.html）

> ☞ **POINT**
> ●株式投資型クラウドファンディングは購入型や寄付型と異なり、会社法や金融商品取引法など株式発行に関する法律の規制を受けることになります。
> ●少額の株式投資型クラウドファンディング業務のみを行う事業者には、第一種少額電子募集取扱業者の登録が義務付けられています。
> ●実施者（株式発行会社）が資金調達できる額は1年間に1億円未満、支援者（投資家）が投資できる額は同一の会社につき1年間に50万円以下の少額要件が設けられています。

② **クラウドファンディング事業者による審査**

ⅰ) **審査のために必要な書類**

　新株発行にともなう公募という性格上、株式投資型クラウドファンディングにおける審査は購入型や寄付型とは比べものにならないほど厳密に行われます。

　そのため、クラウドファンディング事業者に提出しなければならない書類も多岐にわたります。例えば、株式投資型クラウドファンディングのパイオニアであるFUNDINNOでは、次のような書類の提出が求められています。

【求められる提出書類の例】

- 定款（写し）
- 履歴事項全部証明書
- 印鑑証明書
- 代表者本人確認書類（写し）
- 実質的支配者届出書
- 株主名簿および新株予約権原簿
- 納税証明書または納付書（写し）
- 事業計画書（予想損益計算書、予想貸借対照表、予想キャッシュフロー表を含む）
- 直近試算表
- 資金使途に関する書類
- 事業内容説明書
- 借入一覧表および返済計画表・契約書（写し）
- 直近の税務申告書（写し）
- 預金通帳（写し）
- 代表者・役員プロフィールなど

ⅱ）　**厳格な審査**

　　株式投資型クラウドファンディングで資金調達するためには、投資家によるシビアな評価を受ける前に、まずクラウドファンディング事業者の厳格な審査に合格しなければなりません。

　　例えば、合名会社、合資会社、合同会社、有限会社、個人事業主は株式投資型クラウドファンディングでの資金調達はできません。クラウドファンディングによる資金調達を考える前に、そもそも自社が形式的な基準を満たしているのか、事業計画書の信憑性や会社の財務内容は審査基準をクリアできるレベルに達しているのか、などを充分に検討する必要があります。

　　検討項目としては、事業計画は実現可能なものとなっているか、会社の理念やビジョンは明確か、株価算定の基礎となる数値に根拠はあるか、種類株式の発行など将来の資本政策は策定してあるか、自社がエンジェル税制の適用対象となっているか、事業計画の実現に向けて

社内体制は整備されているか、などです。

　例えばFUNDINNOの場合は、次のような観点から厳正な審査が行われ、最初から形式基準を満たさないケースも含めると、審査をパスするのはわずか5％という狭き門となっています。

【審査されるポイント】

・発行企業およびその行う事業の実在性
・発行企業の財務状況
・発行企業の事業計画の妥当性
・発行企業の法令順守状況を含めた適格性
・株式会社日本クラウドキャピタル（FUNDINNOの運営会社）と発行企業との利害関係の状況
・事業継続体制
・当該発行企業の株式および新株予約権に投資するにあたってのリスク
・調達する資金の使途
・目標募集額（金融商品取引業等に関する内閣府令第70条の2第2項第3号に規定する目標募集額をいう。）が発行企業の事業計画に照らして適当なものであることの確認
・情報提供の体制
・企業経営の健全性および独立性
・コーポレート・ガバナンスおよび内部管理体制の状況
・法令に基づく事業報告、計算書類等の会社情報の作成
・株式投資型クラウドファンディングにより当該会社の株式（新株予約権）を取得した株主および新株予約権者に対して事業の状況について定期的に適切な情報を提供可能であること

☞ **POINT**

◉新株発行にともなう公募という性格上、株式投資型クラウドファンディングでは、厳密な審査が行われます。

◉株式投資型クラウドファンディングで資金調達するためには、投資家によるシビアな評価を受ける前に、クラウドファンディング事業者の厳格な審査に合格しなければなりません。

(2)　ファンド型クラウドファンディングの場合

①　金融商品取引法による規制

　ファンド型には、融資型と事業投資（持分）型の2つのタイプがありますが、いずれも支援者（個人投資家）から資金を集めて投資を行い、そこから生まれた収益を支援者に分配するという仕組みは同じです。このような仕組みのことを集団投資スキーム（ファンド）といい、集団投資スキームにかかる権利のことを、集団投資スキーム（ファンド）持分といいます。集団投資スキーム（ファンド）持分は有価証券とみなされ、募集にあたっては金融商品取引法などの法令や業界の自主規制による制限を受けることになります。

　特に事業投資型ファンドの勧誘行為（取扱い）を行う事業者には、第二種金融商品取引業だけでなく電子募集取扱業務の登録が義務付けられており、「金融機関」としての重い責任を背負っています。

　例えば下記のような場合には公認会計士による監査が求められるなど、投資家を保護するため、第二種金融商品取引業協会によるさまざまな自主規制が設けられています。

　a)　募集側の制限

　　同一の営業者が組成するファンドの発行価額の総額が5億円以上となる場合

　b)　投資家側の制限

　　同一の営業者に対する投資家1人あたりの個別払込額が500万円以上となる場合

　融資型ファンドの場合は、電子募集取扱業務の登録は必要ではありませんが、日本貸金業協会および第二種金融商品取引業協会が作成した「貸付型ファンドに関するQ&A」に定められたルールを遵守することが求められています。

　（参考：第二種金融商品取引業協会　電子申込型電子募集取扱業務等

に関する規則　https://www.t2fifa.or.jp/teikan/pdf/j-kisei/j-kisei03-202
012.pdf）

☞ **POINT**

◉ファンド型には、融資型と事業投資（持分）型の２つのタイプが
ありますが、いずれも支援者（個人投資家）から資金を集めて投
資を行い、そこから生まれた収益を支援者に分配する仕組みは同
じです。

◉このような仕組みのことを集団投資スキーム（ファンド）といい、
集団投資スキームにかかる権利のことを、集団投資スキーム（ファ
ンド）持分といいます。

◉集団投資スキーム（ファンド）持分は有価証券とみなされ、金融
商品取引法などの法令や業界の自主規制による制限を受けること
になります。

6　寄付型クラウドファンディングの場合の留意点

　寄付型クラウドファンディングでは、原則として支援者に市場価値の
あるリターンを提供する必要はありません。とはいえ、支援者は弱者の
助けになりたいという実施者の想いや活動に共感して、純粋な気持ちで
「寄付」をしてくれるのですから、資金調達に成功したら速やかにサン
クスレターを送ったり、こまめに活動報告を送ったりなど、購入型や投
資型以上に感謝の気持ちを忘れずに行うことが大切です。

　支援金が確定申告で寄付金控除の対象となる場合（219ページ参照）
には、支援者に対し、寄付者（支援者）の住所・氏名、寄付金額、受領
した年月日、自団体の所在地・名称、税制の優遇措置が受けられる旨を
記載した「寄付金受領証明書（領収書）」等を速やかに発行します。

　リターンとして提供する品物の市場価値が高かったり、支援金を集め
たい気持ちからついつい過剰なものになってしまうと、寄付型ではなく
購入型とみなされて、支援者が寄付金控除の恩恵を受けられなくなる可
能性があるので注意しましょう。

☞ **POINT**
- ●寄付型クラウドファンディングでは、原則として支援者にリター
  ンは提供しません。
- ●他の類型以上に、サンクスレターや活動報告を送って、感謝の気
  持ちを伝えることが大切です。
- ●リターンの市場価値が高すぎると、寄付型とみなされない可能性
  があります。

第 3 章

クラウドファンディングの会計処理と税務上の取扱い

1　購入型クラウドファンディングの場合

(1)　クラウドファンディング実施者の処理

①　購入型クラウドファンディングの基本的な考え方

　購入型クラウドファンディングで調達した資金は、クラウドファンディング支援者に返済する必要はありません。クラウドファンディング実施者は支援金に対する見返りに、支援金額に応じた市場価値のある品物やサービスを、リターンという形で支援者に提供します。購入型クラウドファンディングは、支援者が実施者を応援するという形式をとっていますが、実際は売買契約に基づいて行われる商取引と同じものと考えられます。

　したがって、実施者が受け取った資金は法人税や所得税の課税対象となり、リターンとして提供する商品やサービスの原価、また商品の発送などにかかった費用は、損金または必要経費として認識することになります。

　消費税法では、国内において事業者が対価を得て行う商品やサービスの提供には、消費税を課するとされている（消法2八、4①）ので、支援金の受け取りは原則として消費税の課税取引にも該当します。

　以下、どのような形で課税されるかを、実施者が法人の場合と個人の場合に分けて、具体的にみていきましょう。

②　クラウドファンディング実施者が法人の場合

i)　クラウドファンディング実施者が普通法人の場合

> 通常の売買取引と同様の会計処理を行います。

　ア)　購入型クラウドファンディングで収益を認識する時期
　　企業側は、リターンという名目で、自社の商品やサービスを販売

し、支援者は支援金という名目の対価を支払います。クラウドファンディングでは「支援」や「応援」という言葉が使われますが、実際は企業が行う通常の売買取引と同じです。したがって、実施者が受け取った支援金は、益金として認識され、法人税の課税対象になります（益金については198ページ参照）。

プロジェクトの対象が、企業の主たる商品やサービスという場合には、損益計算書の売上として計上します。本業以外の商品やサービスを対象に行う場合は、雑収入として営業外収益の部に計上することになります。

通常の売買取引と異なるのは、代金が支払われるタイミングです。通常であれば、商品を受渡した後または受渡しと同時に代金が支払われますが、クラウドファンディングでは商品の完成前に代金が支払われるという点に特徴があります。

「中小企業の会計に関する指針」によると、「収益は、収入（将来入金するものを含む）に基づいた金額で商品等の販売や役務の給付を行った時に計上され、企業は、各取引の実態に応じて、販売の事実を認識する時点を選択しなければならない」とされています。

そのうえで、商品の販売や役務の給付に基づく収益認識基準として、出荷基準・引渡基準・検収基準の3つが挙げられています。企業は、それぞれ取引の実態に応じて、最も適した方法を選択することになります。

【一般的な販売契約における収益認識基準】

区分	収益認識日
出荷基準	製品・商品などを出荷した時点
引渡基準	製品・商品などを得意先に引き渡した時点
検収基準	得意先が製品などの検収をした時点

（中小企業の会計に関する指針74（1））

　　購入型クラウドファンディングでは、商品を引き渡す前に支援金という名目で代金を受け取ります。これは予約販売に該当します。予約販売の収益認識日は、上記の一般的な販売形態とは別に、特殊な販売契約における収益認識基準のひとつとして、下記のように定められています。

【特殊な販売契約における収益認識基準】

区分	収益認識日
予約販売	予約金受取額のうち、事業年度の末日までに商品の引渡しまたは役務の給付が完了した分。残額は貸借対照表の負債の部に記載して次期以降に繰り延べる。

（中小企業の会計に関する指針 74(2)）

　　これを購入型クラウドファンディングに当てはめて考えると、支援金を受け取った時点では、いったん前受金として仕訳し、その後リターンとして商品の引渡しやサービスの給付が終わった時点で、売上を計上することになります。

取引のタイミング	会計処理
支援金を受け取った時点	前受金として処理
リターンとして商品の引渡しやサービスの給付が終わった時点	売上に計上

イ）　リターンの時価が低すぎる場合

　　購入型のクラウドファンディングでは、さまざまなパターンが想定されます。例えばリターンとして提供する品物の市場価値（時価）が、支援金に比べて低すぎるケースを考えてみましょう。

　　その場合は、まず売り手側の法人はリターンとして送った品物の

時価相当額を、売上として計上します。品物の時価と支援金との差
額部分は、支援者から寄付を受けたものとみなされ、受贈益として
法人税が課税されることになります。

ウ) 購入型クラウドファンディングの仕訳例

　　クラウドファンディング実施者の主な会計処理は次のようになり
ます (消費税は考慮外)。

a) 支援金300万円が集まり、事業者の手数料60万円を差し引い
た残りの金額が振り込まれた

(借方) 普通預金　　240万円　　(貸方) 前受金　　300万円
　　　　支払手数料　60万円

b) 新商品を開発し、支援者にリターンとして発送した

(借方) 前受金　　　300万円　　(貸方) 売上高　　300万円

　　飲食店やエステ店などがリターンとして期限付きのサービス利用
券を提供するケースは、次のように処理します。

c) 支援金300万円が集まり、事業者の手数料60万円を差し引い
た残りの金額が振り込まれた

(借方) 普通預金　　240万円　　(貸方) 前受金　　300万円
　　　　支払手数料　60万円

d) リターンとして、10枚綴りの利用券を送付した

仕訳なし

e) 200万円分の利用券が使用され、サービスの給付を行った

(借方) 前受金　　　200万円　　(貸方) 売上高　　200万円

f) 残りの100万円について、支援者がこれを利用しないまま、サー
ビス券の期限が過ぎてしまった(→受贈益として特別利益に計上)

(借方) 前受金　　　100万円　　(貸方) 受贈益　　100万円

　クラウドファンディング実施者には、告知したプロジェクトを遂行する責務がありますが、想定外にコストがかかって資金不足に陥ったり、世の中の情勢が変わって計画どおりに進まなかったりするケースも考えられます。実施者が事業に失敗し、約束したリターンの提供ができないとなれば、受け取った支援金は、クラウドファンディング支援者に返済しなければなりません。その場合は、負債として計上していた前受金を消し込みます。

g)　プロジェクトの継続を断念した

（借方）前受金 300 万円　（貸方）現預金または未払金 300 万円

　事業の継続に失敗した時点で、クラウドファンディング実施者に返金する財務的な体力は残っていないというケースも考えられます。支援者と交渉して返金を免除してもらった場合は、実施者が贈与を受けたことになるので、前受金を受贈益に振り替えます。

h)　支援金の返金を免除してもらった

（借方）前受金　　300 万円　　　（貸方）受贈益　　300 万円

ⅱ)　クラウドファンディング実施者が法人税法上の非営利型法人の場合

> 34 の収益事業に該当しなければ、法人税は課税されません。

ア)　法人税法の非営利型法人とは

　NPO 法人や非営利徹底型一般社団法人など、法人税法上の非営利型法人が購入型クラウドファンディングで受け取った支援金には、原則として法人税は課税されません。ただし、プロジェクトの内容が法人税法施行令第5条に規定する 34 の収益事業にあたる場合は、普通法人と同じように課税対象となります（法法2十三、法令5）。

　社団法人および財団法人に対する課税所得の範囲は、【表1】のとおりです。

　公益法人認定法に基づく公益認定を受けていない一般社団法人や一般財団法人が、公益法人として取り扱われるためには、【表2】の①または②の全ての要件を満たす必要があります。また、特定非営利活動法人（NPO法人）も法人税法上の公益法人として取り扱われ、収益事業から生じた所得のみに法人税が課税されることになります。

【表1】 社団法人・財団法人の課税の範囲

	公益社団法人公益財団法人	公益認定を受けていない一般社団法人・一般財団法人	
		非営利型法人	非営利型法人以外の法人
法人税法の法人区分	公益法人等		普通法人
課税所得の範囲	収益事業から生じた所得が課税対象※		すべての所得が課税対象

※　公益社団法人・公益財団法人の公益目的事業から生じた所得は課税対象になりません。

【表2】 一般社団法人・財団法人が非営利型法人に該当するための要件

類型	要件
①非営利性が徹底された法人（法令3①）	1　剰余金の分配を行わないことを定款に定めていること
	2　解散したときは、残余財産を国・地方公共団体や一定の公益的な団体に贈与することを定款に定めていること
	3　上記1および2の定款の定めに違反する行為（上記1、2および下記4の要件に該当していた期間において、特定の個人または団体に特別の利益を与えることを含みます。）を行うことを決定し、または行ったことがないこと
	4　各理事について、理事とその理事の親族等である理事の合計

	数が、理事の総数の3分の1以下であること
②共益的活動を目的とする法人（法令3②）	1　会員に共通する利益を図る活動を行うことを目的としていること
	2　定款等に会費の定めがあること
	3　主たる事業として収益事業を行っていないこと
	4　定款に特定の個人または団体に剰余金の分配を行うことを定めていないこと
	5　解散したときにその残余財産を特定の個人または団体に帰属させることを定款に定めていないこと
	6　上記1から5までおよび下記7の要件に該当していた期間において、特定の個人または団体に特別の利益を与えることを決定し、または与えたことがないこと
	7　各理事について、理事とその理事の親族等である理事の合計数が、理事の総数の3分の1以下であること

イ）　非営利型法人が課税されるケース

　　公益法人等に分類される一般社団法人や一般財団法人でも、プロジェクトの内容が「公益法人等の収益事業」に該当する場合は、法人税の課税対象になります。公益法人等の収益事業とは、【表3】の34の事業のうち、継続して事業場を設けて行われるものをいいます。

【表3】公益法人等の収益事業

1　物品販売業	2　不動産販売業	3　金銭貸付業	4　物品貸付業
5　不動産貸付業	6　製造業	7　通信業	8　運送業
9　倉庫業	10　請負業	11　印刷業	12　出版業
13　写真業	14　席貸業	15　旅館業	16　料理店業その他の飲食店業
17　周旋業	18　代理業	19　仲立業	20　問屋業

21 鉱業	22 土石採取業	23 浴場業	24 理容業
25 美容業	26 興行業	27 遊技所業	28 遊覧所業
29 医療保健業	30 技芸教授業	31 駐車場業	32 信用保証業
33 無体財産権の提供等を行う事業	34 労働者派遣業		

　　ただし、34 の収益事業に該当する場合であっても、下記のもの等は収益事業から除かれます（法令5②）。

a)　公益社団法人・公益財団法人が行う公益目的事業

b)　身体障害者、生活保護者等が事業に従事する者の総数の2分の1以上を占め、かつ、その事業がこれらの者の生活の保護に寄与しているもの

☞ **POINT**

◉購入型クラウドファンディングで普通法人が受け取る支援金は、通常の売買取引と同じように、法人税の課税対象になります。

◉購入型クラウドファンディングは、先に代金を受け取ることになるので、支援金が振り込まれた時点では、前受金として処理します。

◉法人税法上の非営利型法人が受け取った支援金は、34 の収益事業に該当するものを除き、法人税は課税されません。

③　クラウドファンディング実施者が個人の場合

ⅰ)　実施者が個人事業を行っている場合

⑦　プロジェクトの内容が事業所得の基因となる場合

> 事業所得として、所得税（住民税）が課税されます。

　所得税法では、その性格によって所得を10種類に区分して、それぞれの所得金額を計算する仕組みになっています。10種類の所得とは、次のとおりです（所法23～35）。

a)　利子所得

b)　配当所得

c)　不動産所得

d)　事業所得

e)　給与所得

f)　退職所得

g)　山林所得

h)　譲渡所得

i)　一時所得

j)　雑所得

　クラウドファンディングで集めた資金が実施者の事業から生ずる売上金額とみなされる場合は、上記の10種類の所得のうちの事業所得として、所得税および住民税が課税されます。事業所得とは、実施者が営んでいる農業・漁業・製造業・卸売業・小売業・サービス業その他の事業から生じる所得のことをいいます（所法27①）。

　事業所得の計算は、次の算式で計算することができます。

> 総収入金額　－　必要経費　＝　事業所得

　総収入金額とは、それぞれの事業から生ずる売上金額のことをい

います。クラウドファンディング事業者から入金される金額は、手数料を差し引いた残りの金額ですが、入金額ではなく支援者から集まった支援金の総額が総収入金額になります。

　必要経費とは、収入を得るために直接要した売上原価や販売費、管理費その他の費用のことをいいます。家事上の経費に関連するものでも、事業所得を生ずべき業務の遂行上、必要である部分を明らかに区分できる場合は、その区分できる部分に相当する経費の金額も必要経費に算入できます。

　クラウドファンディングで資金を調達するためには、さまざまな費用が発生します。例えばリターンとして提供した商品の材料代や工賃、製作に要した機械の減価償却費などの製作費、仕入原価はもちろんのこと、クラウドファンディング事業者に支払う手数料、商品の発送代、活動報告にかかった通信費、クラウドファンディングに従事したスタッフの人件費や外注費などが考えられます。これらの費用は、事業所得の計算上、必要経費に算入することができます（所法27、36、40、45、57）。

【会計処理の例】

　新商品を発売するために、クラウドファンディングを行い、支援金が300万円集まった。
　事業者からは、手数料60万円を差し引いた残りの240万円が振り込まれた。
　リターンとして送った商品の原価は100万円。その他送料などの諸経費が10万円かかっている。

勘定科目	金額	
売上高	3,000,000	
売上高計		3,000,000
売上原価	1,000,000	
売上原価計		1,000,000

売上総利益			2,000,000
手数料	600,000		
諸経費	100,000		
販売費計			700,000
差引所得			1,300,000

☞ **POINT**

●プロジェクトの内容が、事業所得の基因となる場合は、事業所得として課税されます。

●クラウドファンディングで獲得した支援金の全額が、売上高になります。

●事業者に支払った手数料やリターンに要した費用などが、必要経費に該当します。

イ）　プロジェクトの内容が事業所得の基因とならない場合

> 雑所得として、所得税（住民税）が課税されます。

a）　事業所得の基因とならない場合の基本的な考え方

実施者が事業を営んでいる場合であっても、クラウドファンディングの目的として告知したプロジェクトの内容が本来の事業とは関係ない場合は、事業所得ではなく雑所得として課税されます。

また、不動産所得の申告だけを行っている人や給与所得者などが、たまたまクラウドファンディングを行ったという場合も、獲得した支援金は雑所得として確定申告することになります。

【雑所得に該当する場合の例】

> ① 本来の事業
>   IT プログラマー
> ② プロジェクトの内容
>   コロナ禍で困っている農家を応援しよう！
>   大量に余った野菜を使って、有機化粧水をつくりたい。
> ③ リターンの内容
>   でき上がった有機化粧水

　雑所得とは、利子所得・配当所得・不動産所得・事業所得・給与所得・退職所得・山林所得・譲渡所得および一時所得のいずれにもあたらない所得をいい（所法35①）、例えば、公的年金等や非営業用貸金の利子、副業に係る所得（原稿料やシェアリングエコノミーに係る所得など）が該当します。

　雑所得の金額は、次の算式で計算することができます。

> 総収入金額 − 必要経費 = 雑所得

　事業所得の場合と同じように、クラウドファンディング事業者からの入金額ではなく、支援者から集まった金額の総額が総収入金額となります。必要経費としては、クラウドファンディング事業者に払った手数料や、リターンのために使った費用などが該当します。

　支援金が目標額に届かなくて、総収入金額よりも必要経費の方が大きくなってしまうケースも考えられます。クラウドファンディングの結果が赤字になったとしても、雑所得の金額の計算上生じた損失の金額は、給与所得など他の所得の金額から控除することはできません。

b)　分離課税と総合課税

　所得税の計算には総合課税と分離課税の2種類の課税方式があ

ります。

　総合課税とは、収入の種類ごとに計算した所得を合算して総所得金額を計算し、総所得金額に税率をかけて税額を計算するものです。所得税の税率は、所得の金額が大きくなるほど税率が高くなる累進課税が採用されているので、総合課税によって総所得金額が大きくなれば、それだけ税額も大きくなります。

　一方、分離課税とは他の所得と合算せずにそれぞれの所得ごとに単独で税額を計算するものです。分離課税の税率は、収入の種類や内容によって決まっているので、総合課税のように所得金額に応じて税率が高くなるということはありません。

　雑所得は、2種類の課税方式のうち総合課税に分類され、事業所得や給与所得など他の所得と合計して総所得金額を計算することになります。

【所得税の税率表】

課税される所得金額	税率	控除額
1,000円 から 1,949,000円まで	5%	0円
1,950,000円 から 3,299,000円まで	10%	97,500円
3,300,000円 から 6,949,000円まで	20%	427,500円
6,950,000円 から 8,999,000円まで	23%	636,000円
9,000,000円 から 17,999,000円まで	33%	1,536,000円
18,000,000円 から 39,999,000円まで	40%	2,796,000円
40,000,000円 以上	45%	4,796,000円

☞ **POINT**

● プロジェクトの内容が本来の事業と関係ない場合は、雑所得とし
て課税されます。

● クラウドファンディングで獲得した支援金の全額が、収入金額に
なります。

● 事業者に支払った手数料やリターンに要した費用などが、必要経
費に該当します。

ⅱ)　実施者が事業を行っていない場合

雑所得として、所得税（住民税）が課税されます。

ア)　事業を行っていない場合の基本的な考え方

購入型クラウドファンディングは、学生や主婦など個人事業を営
んでいない人でも、誰でも参加することができます。

実施者が事業を行っていない場合でも、クラウドファンディング
で獲得した支援金は、雑所得として所得税や住民税の課税対象とな
ります。他に収入がなくても、確定申告が必要になるケースも考え
られるので、注意が必要です。

雑所得の金額は、次の算式で計算します。

総収入金額　－　必要経費　＝　雑所得

クラウドファンディング事業者からの入金額ではなく、支援者か
ら集まった金額の総額が、総収入金額となります。必要経費として
は、クラウドファンディング事業者に払った手数料や、リターンの
ために使った費用などが該当します。

イ)　確定申告の必要がないケース

次のようなケースの場合は、確定申告の必要はありません。

a)　クラウドファンディングで獲得した支援金よりも、リターンなどにかかった必要経費の方が多い場合

例えば、会社員など給与所得がある人に損失が発生した場合でも、雑所得の計算上、その損失は他の所得の金額から控除することはできないからです。

b)　他に所得がない人で、クラウドファンディングによる雑所得の金額が48万円以下の場合

所得税の金額を計算する場合に、総所得金額から差し引くことができる控除のひとつに基礎控除があります。他に所得がない人は、クラウドファンディングで獲得した支援金から必要経費を差し引いた金額が48万円を超えなければ所得はゼロとなるので、確定申告の必要はありません。

ところで、基礎控除の金額は、所得の金額が増えると、下記の表のとおり減額されます。クラウドファンディングで獲得した雑所得の金額と他の所得を合算した金額が2,400万円を超える場合は、基礎控除額は減少します。また、2,500万円を超えると基礎控除の金額がゼロになります。

【基礎控除の金額】

合計所得金額	控除額
2,400万円以下	48万円
2,400万円超2,450万円以下	32万円
2,450万円超2,500万円以下	16万円
2,500万円超	0円

c)　給与所得者の人で、下記のいずれかの人※

A　1か所からのみ給与の支払を受けている人で、クラウドファンディングによる雑所得の金額が 20 万円以下の場合

B　2か所以上から給与の支払を受けている人で、給与の全部が源泉徴収の対象となる場合において、年末調整されなかった給与の収入金額とクラウドファンディングによる雑所得の金額が 20 万円以下の場合

C　2か所以上から給与の支払を受けている人で、給与の収入金額の合計額から、雑損控除・医療費控除・寄付金控除・基礎控除以外の各所得控除の合計額を差し引いた金額が 150 万円以下の場合において、クラウドファンディングによる雑所得の金額が 20 万円以下の人

※　給与所得・退職所得およびクラウドファンディング以外の収入がない場合に限る

これは、確定申告不要と判定された人が確定申告を行う場合にも、20 万円以下の金額を総所得金額に含めなくてよい、という意味ではありません。例えば、医療費控除や寄付金控除などの適用を受けるために還付申告を行う場合には、給与所得にプラスして、クラウドファンディングで獲得した 20 万円以下の雑所得の金額も、合算して申告する必要があります（所法 86、121、122、174）。

また、住民税には所得が 20 万円以下なら申告しなくてもよいというルールはないので、住民税の申告は免除されません。

☞ **POINT**

●支援者が事業を行っていない場合でも、クラウドファンディングで獲得した支援金は、課税の対象になります。

●総収入金額から必要経費を差し引いた金額がマイナスの場合は、確定申告の必要はありません。

●総収入金額から必要経費を差し引いた金額が基礎控除額以下の場合は、確定申告の必要はありません。

●一定の給与所得者が行うクラウドファンディングで、雑所得の金額が20万円以下となる場合は、確定申告の必要はありません。

④　消費税が課税される場合・されない場合

i）消費税の基本的な考え方

> 受け取った支援金は、原則として消費税の課税対象になります。

　購入型クラウドファンディングは、対価性のある通常の売買取引と同じですから、獲得した支援金は、原則として消費税の課税対象となります。実施者が消費税の課税事業者であれば、消費税の申告および納税が必要となり、支援者は消費税の仕入税額控除を受けることができます。

　一方で、実施者が事業を営んでいない場合など、購入型クラウドファンディングでも消費税が課税されないケースもあります。

　それでは、消費税が課税されるケースと課税されないケースについて、その違いがどこにあるのかをみていきましょう。

　消費税の課税対象となるのは、次の4つの要件をすべて満たす取引となります。これを消費税の4要件といいます。

　　a)　国内において行うもの（国内取引）であること

　　b)　事業者が事業として行うものであること

　　c)　対価を得て行うものであること

　　d)　資産の譲渡・資産の貸付け・役務の提供であること※

　　※　外国貨物の引き取り（輸入取引）を含む

ii）国内取引とは

　まず、国内取引とは何かについて確認しましょう。クラウドファンディング実施者が国内と国外にわたって取引を行っている場合は、下記の基準にしたがって、国内取引か国外取引かを判定します。

　　ア)　資産の譲渡または貸付けの場合

　　　リターンとして提供する商品や製品の所在場所が国内であれば、

国内取引になります。したがって、商品や製品の所在場所が国外という場合には、消費税は課税されません。

資産の所在場所が明らかでない場合は、クラウドファンディング実施者が資産の譲渡や貸付けを行う事務所などの所在地が国内にあれば、国内取引に該当します（消法4③、消令6）。

イ）　役務の提供の場合

リターンとして用意したサービスなど役務の提供が行われた場所が国内であれば、国内取引に該当します。見方を変えれば、役務の提供が行われた場所が国外という場合は、消費税の課税対象外（不課税取引）になります。

ただし、リターンの提供が国内および国内以外の地域の両方で行われる場合や、リターンの提供が行われた場所が明らかでない場合は、クラウドファンディング実施者がその役務の提供を行う事務所などの所在地で判定することになります。

iii）　事業者が事業として行う取引とは

ア）　事業者とは

消費税法における「事業者」とは、法人と個人事業者（事業を行う個人）のことをいいます（消法2①四）。

株式会社などの会社はもちろん、国、地方自治体、公共法人、宗教法人や医療法人、NPO法人などの公益法人、一般社団法人、一般財団法人など法人格を持つクラウドファンディング実施者は、すべて事業者ということになります。また、法人格を持たない社団や財団でも、代表者や管理人の定めがあるものは、法人とみなされることにより事業者になります（消法3）。

クラウドファンディング実施者が個人事業者の場合は、例えば雑貨屋などの小売業、製造業、賃貸業や取引の仲介業、運送業、飲食

店、クリーニング店、理容院や美容院、エステサロンといった業を営んでいれば、すべて事業者に該当します。医師や弁護士、公認会計士、税理士、社会保険労務士なども事業者です。

イ) 事業として行うとは

「事業として行う」とは、対価を得て行われる資産の譲渡等を繰り返し、継続し、かつ独立して行うことをいいます。

法人は事業を行う目的をもって設立されたものなので、法人が行う活動は、すべて事業として行う取引に該当します。したがって、法人であるクラウドファンディング実施者が行うリターンの提供が国内取引に該当すれば、すべて消費税の課税対象となります。

事業者の立場と消費者の立場とを兼ねている個人事業者の場合は、事業者の立場で行う取引が「事業として」に該当します。

例えば、バッグや財布を製造・販売している個人事業者が、商品開発のためにクラウドファンディングを利用し、新商品である財布をリターンとして提供する場合は、事業として行う売買取引に該当するので、消費税の課税対象になります。

しかし、例えば給与所得者が、たまたま入手したカンボジア民芸品をカンボジア支援のためにクラウドファンディングを利用して販売するという場合は、「事業として」行う売買には該当しません（消法4、消令2、消基通5-1-1、5-1-2、5-1-7、5-1-8）。

iv) 対価を得て行う取引とは

「対価を得て行う取引」とは、資産の譲渡、資産の貸付けおよび役務の提供に対して反対給付を受け取ることをいいます。

例えば、雑貨屋が商品を販売して代金をもらったり、所有しているビルの一室を事務所として貸して家賃を受け取ったり、電気工事を請け負って工事代金を回収するなど、提供する商品やサービスに見合っ

た対価を受け取る取引のことをいいます。

　一方、単なる贈与や寄付金、補助金などは、一般的には対価を得て行われる取引には該当しないので、課税の対象になりません。試供品や見本品の提供をした場合でも、対価を受け取らない限り、消費税は課税されません。

　購入型クラウドファンディングでは、リターンとして提供する新商品やサービスの提供を約束して、事前に支援金という名目の対価を受け取るので、「対価を得て行う取引」に該当し、受け取った支援金は消費税の課税対象となります。

　ただし、購入型クラウドファンディングでも、リターンとして提供する品物やサービスの市場価値（時価）が著しく低い場合は、支援金とリターンの時価との差額について、寄付や贈与があったとみなされる可能性があります。その場合、受け取った支援金とリターンの時価との差額部分には、対価性が認められないため、消費税は課税されないことになります。

ⅴ）　消費税が課税されない取引
⑦　不課税取引

　以上のように、消費税の課税対象となるのは、国内において事業者が事業として対価を得て行う資産の譲渡や貸付け、役務の提供に該当する取引ということになります。これを消費税の4要件といい、これに当たらない取引を一般的に不課税取引と呼びます。不課税取引には、消費税は課税されません。

　例えば、市場価値のある商品をリターンとして提供しない寄付型クラウドファンディングの支援金や、出資者の地位に基づいて支払われる投資型クラウドファンディングの配当金や分配金にも、消費税は課税されないことになります（消法2、4、消令2、消基通5

- 1 - 2、5 - 2 - 1、5 - 2 -14)。

イ) 非課税取引

　消費税は、商品や製品の販売・サービスの提供に対して広く公平に負担を求める税金です。そのため原則として、国内におけるすべての取引が課税の対象となります。

　しかし、課税対象としてなじまないものや社会政策的配慮から、消費税の4要件に該当する取引であっても、消費税を課税しない取引があります。これを非課税取引といいます。

　したがって、クラウドファンディングのリターンとして提供される商品やサービスが非課税取引にあたる場合には、消費税は課税されないことになります。例えば、リターンが有価証券と決まっている株式投資型クラウドファンディングの支援金や、購入型クラウドファンディングであっても一定の身体障害者用物品をリターンとして提供する場合などがこれに当たります。

【消費税の非課税取引】

> a) 土地の譲渡および貸付け
> 　　土地には、借地権などの土地の上に存する権利を含みます。ただし、1か月未満の土地の貸付け及び駐車場などの施設の利用に伴って土地が使用される場合は、非課税取引には当たりません。
> b) 有価証券等の譲渡
> 　　国債や株券などの有価証券、登録国債、合名会社などの社員の持分、抵当証券、金銭債権などの譲渡。ただし、株式・出資・預託の形態によるゴルフ会員権などの譲渡は非課税取引には当たりません。
> 　　　⋮
> （中略）
> 　　　⋮
> n) 一定の身体障害者用物品の譲渡や貸付け等
> 　　義肢、視覚障害者安全つえ、義眼、点字器、人工喉頭、車椅子、身体障害者の使用に供するための特殊な性状、構造または機能を有する自動車などの身体障害者用物品の譲渡、貸付け、製作の請負及びこれら身体障害者

用物品の修理のうち一定のもの。
o)　学校教育
　　学校教育法に規定する学校、専修学校、修業年限が１年以上などの一定
の要件を満たす各種学校等の授業料、入学検定料、入学金、施設設備費、
在学証明手数料など。
p)　教科用図書の譲渡
q)　住宅の貸付け
　　契約において人の居住の用に供することが明らかにされているもの（契
約において貸付けの用途が明らかにされていない場合にその貸付け等の状
況からみて人の居住の用に供されていることが明らかなものを含みます）
に限られます。ただし、１か月未満の貸付けなどは非課税取引には当たり
ません。
（国税庁タックスアンサー No.6201　非課税となる取引　より）

☞ **POINT**

●購入型クラウドファンディングの場合、受け取った支援金は原則
　として消費税の課税対象になります。

●課税取引となる４つの要件を満たさなければ、消費税は課税され
　ません。

●消費税の課税対象となる４つの要件とは、国内において、事業者
　が事業として、対価を得て行う資産の譲渡・貸付け、役務の提供
　のことをいいます。

(2)　クラウドファンディング支援者の処理

①　クラウドファンディング支援者が法人の場合

i)　購入型クラウドファンディングの基本的な考え方

　購入型クラウドファンディングで支出した支援金は、リターンとして受け取る品物やサービスの対価として支払ったものなので、通常の取引と同じように、損益計算書の費用に計上します。

　リターンで受け取った商品や製品が原価を構成する場合は売上原価に計上し、通常の営業活動の一環として使用する場合は、適切な勘定科目を付して販売費および一般管理費に計上します。

　リターンの品物やサービスが業務とは関係ないにもかかわらず、取引先が実施者となって行うクラウドファンディングを「お付き合い」のために支援することも考えられます。このような場合、支援に取引関係の円滑な進行を図るなどの目的が認められれば交際費として、事業との関連性が認められない場合は寄付金として処理することになります。

　また、リターンとして受け取った品物の市場価格（時価）が、支援金の額（対価）と比べて著しく低い場合には、リターンの時価と支援金の差額について、クラウドファンディング実施者に贈与を行ったとみなされることがあります。その場合は、リターンの市場価値（時価）と支援金（対価）の差額部分は実施者に対する寄付金として扱われ、寄付金の損金不算入の対象になります。

ii)　役員がクラウドファンディング実施者の場合

　役員が個人的に実施するクラウドファンディングを、会社が支援するケースも考えられます。このとき、プロジェクトの内容が会社の業務と関係ない場合や、リターンの品物やサービスが会社の業務用に使えないものである場合、その支援は役員に対する経済的利益の供与と

みなされます。経済的利益とは、法人の行為によって実質的にその役員に対して給与を支給したのと同様の経済的効果をもたらすものをいい、役員に支給する給与に含めて所得税を計算します。

　ところで、法人が役員に対して支給する給与の額のうち、定期同額給与、事前確定届出給与または業績連動給与のいずれにも該当しないものは、損金の額に算入されません（役員に対する給与は217ページ参照）。したがって、役員が会社の業務と無関係のクラウドファンディングを実施し、リターンの品物が業務用に使えるものではない場合、支援金として支払った金額は、法人税の計算上、損金に算入できないことになります（法法22、34、法令69、法基通9-2-9～11、9-2-24）。

iii)　リターンの品物が10万円以上の場合

　支援金として払った金額が10万円以上で、かつリターンとして届いた減価償却資産の使用可能期間が1年以上である場合は、いったん資産に計上し、所定の耐用年数に応じて、減価償却することになります。

　支援金の額が20万円未満で、リターンとして届いた減価償却資産の使用可能期間が1年以上である場合は、業務の用に供した日以後3年間の各年分において、支援金の額の3分の1に相当する金額を損金に算入することができます（法令133の2）。

　また、支援金の額が10万円以上30万円未満でリターンが減価償却資産である場合は、支援金に相当する金額を、その業務の用に供した年分の損金に算入できるという特例があります（措法67の5）。この特例が使えるのは、青色申告法人である中小企業者または農業協同組合などで、常時使用する従業員の数が500人以下であること、大規模法人の支配下にないことなどの条件があります（措令27の4㉑）。ま

た、1年につき300万円までという限度額が定められています。

iv）費用を認識するタイミング

　クラウドファンディングが通常の売買取引と異なるのは、代金を支払うタイミングです。通常であれば、商品を受け取った後、または受け取りと同時に代金を支払いますが、クラウドファンディングでは、商品や製品の完成前に支払を完了しなければ、購入の意思表示ができないのが特徴です。

　「中小企業の会計に関する指針」では、原則として、費用については発生主義により認識することとなっています。発生主義とは、金銭のやりとりに関係なく、取引が発生した事実に基づいて費用と収益を認識する考え方です。

　発生主義では、代金を支払った時点ではなく、商品や製品などの引渡しを受けたタイミングまたは役務の提供が完了したタイミングで費用を計上します。どのタイミングで引渡しを受けたと考えるかは、出荷基準・引渡基準・検収基準の3つ（127ページ参照）のうち、それぞれ取引の実態に応じて、最も適した方法を選択すればよいことになっています。

　これを購入型クラウドファンディングに当てはめて考えると、支援金を支払ったときは、まず流動資産の部の前渡金（前払金）に計上し、その後リターンとして商品の引渡しやサービスの給付を受けた時点で、費用に振り替えます。

取引のタイミング	会計処理
支援金を支払った時点	前渡金（前払金）として処理
リターンとして商品の引渡しやサービスの給付を受けた時点	費用（原価）に計上

ⅴ)　消費税の処理

　　クラウドファンディング支援者が消費税の課税事業者の場合、原則として支援金は消費税の仕入税額控除の適用を受けることができます。支援金が消費税の課税仕入に該当するかどうかは、143ページの「④　**消費税が課税される場合・されない場合**」を参照してください。

ⅵ)　クラウドファンディングの仕訳例

　　クラウドファンディング支援者の主な会計処理は次のようになります（消費税は考慮外）。

　　a)　支援金5万円を支払った

　　　（借方）前渡金（前払金）　5万円　　　（貸方）普通預金　5万円

　　b)　リターンとして事務用品を受け取り、スタッフに配賦した

　　　（借方）消耗品　　5万円　　　（貸方）前渡金（前払金）　5万円

　　飲食店などがリターンとして期限付きのサービス利用券を送付するケースも想定されます。

　　c)　支援金30万円を支払った

　　　（借方）前渡金（前払金）　30万円　　　（貸方）普通預金　30万円

　　d)　リターンとして、10枚綴りの食事券が送られてきた

　　　仕訳なし

　　e)　食事券を使って、得意先を接待した

　　　（借方）交際費　3万円　　　（貸方）前渡金（前払金）　3万円

　　支援者が食事券などのサービス利用券を使用しないまま、利用期限が過ぎてしまった場合には、前渡金（前払金）の残高を寄付金に振り替えます。

　　f)　利用期限が過ぎ、使わなかった食事券9万円が残った

（借方）寄付金　9万円　　　　（貸方）前渡金（前払金）　9万円

　リターンとして30万円以上の減価償却資産を受け取った場合には、いったん資産計上してから、減価償却します。

　g)　支援金30万円を支払った

　（借方）前渡金（前払金）　30万円　　（貸方）普通預金　30万円

　h)　リターンとしてテレワーク用のソフトウェアを受け取った

　（借方）ソフトウェア（無形固定資産）　30万円

　　　　　　　　　　　　（貸方）前渡金（前払金）　30万円

　i)　期末に減価償却費を計上した

　（借方）減価償却費　6万円

　　　　　　　　（貸方）ソフトウェア（無形固定資産）　6万円

　クラウドファンディング実施者が事業に失敗し、リターンの品物やサービスの提供ができなくなるというケースもあり得ます。実施者が支援金を返金してくれる場合は、資産に計上していた前受金を消し込みます。

　j)　実施者が事業の継続を断念した

　（借方）普通預金または未収金　30万円

　　　　　　　　　　　　（貸方）前渡金（前払金）　30万円

　現実には、事業の継続に失敗した時点で、実施者側に返金する財務的な体力は残っていないという場合がほとんどでしょう。支援金が戻ってこないことが確実になったら、前渡金（前払金）を寄付金に振り替えます。

　k)　支援金が戻ってこないことが確定した

　（借方）寄付金　30万円　　（貸方）前渡金（前払金）　30万円

　役員が私的に行ったクラウドファンディングを支援した場合には、役員賞与として処理し、源泉徴収を行います。

1)　役員が個人的に実施するクラウドファンディングを支援するため、10 万円支払った（プロジェクトの内容やリターンの品物は、会社の業務とは無関係のもの）

（借方）役員賞与　10 万円　　　　（貸方）普通預金　　　　　10 万円

（借方）未収金　　2 万円　　　　（貸方）預り金（所得税）2 万円

　支援金の額に比べてリターンの市場価値が著しく低い場合で、その差額について贈与があったと認められる場合は、贈与に相当する部分の金額を、益金の額に算入します。

m)　取引先に頼まれて、9 万円の商品をクラウドファンディングで購入し、商品は消耗品として使った

（借方）前渡金（前払金）　9 万円　　　（貸方）普通預金　9 万円

（借方）消耗品　　9 万円　　　（貸方）前渡金（前払金）9 万円

n)　商品の市場価格は 3 万円だということが判明した

（借方）寄付金　6 万円　　　　　　　　（貸方）受贈益　6 万円

☞ **POINT**

● 支援金は、通常の売買取引を行ったときと同じように、費用として損金に算入します。

● 10 万円以上の支援金を払い、リターンとして受け取った減価償却資産の使用可能期間が 1 年以上の場合は、いったん資産に計上後、減価償却を行います。

● 支払った支援金の額がリターンの市場価値に比べて不相当に高額である場合は、差額について寄付金処理をする必要があります。

②　クラウドファンディング支援者が個人の場合

i)　リターンで受け取った品物やサービスを事業用に使う場合

　製造業や飲食店、小売業、美容院やエステサロン、コンサルティング業やカウンセリングなど各種事業を行っている個人事業者が受け取ったリターンの品物やサービスが、支援者の業務に関連する場合、支払った支援金は事業所得の必要経費に算入できます。

　不動産の貸付を行っている場合や雑所得の収入がある支援者が受け取ったリターンの品物やサービスがそれぞれの所得に関連がある場合にも、不動産所得や雑所得の計算上、それぞれの必要経費に算入することができます。

　支援金として払った金額が10万円以上で、かつリターンとして届いた減価償却資産の使用可能期間が1年以上である場合は、いったん資産に計上し、所定の耐用年数に応じて、減価償却します（所令138）。

　支援金の額が20万円未満で、リターンとして届いた減価償却資産の使用可能期間が1年以上である場合は、事業の用に供した日以後3年間の各年分において、支援金の額の3分の1に相当する金額を損金に算入することができます（所令139）。

　中小企業者に該当する個人で青色申告を提出する人が、10万円以上30万円未満の支援金を払ってリターンとして減価償却資産を得た場合は、支援金に相当する金額を、業務の用に供した年の必要経費に算入することができます（措法28の2）。

　また、支援者が消費税の課税事業者である場合、支払った支援金は、原則として消費税の仕入税額控除の適用を受けることができます。支援金が消費税の課税仕入に該当するかどうかは、143ページの「④**消費税が課税される場合・されない場合**」を参照ください。

ii）リターンで受け取った品物やサービスを個人的に消費する場合

　　消費者として通信販売のサイトで商品を購入したのと同じことなの
で、税金の申告は必要ありません。個人事業主として確定申告を行っ
ている場合でも、事業所得や不動産所得、雑所得の必要経費に算入す
ることはできません。

☞ **POINT**

●リターンで受け取った品物やサービスが、事業所得や不動産所
　得、雑所得に関連するものである場合は、各所得の必要経費に算
　入します。

●支援者が消費税の課税事業者である場合、払った支援金は、原則
　として消費税の仕入税額控除の適用を受けることができます。

●受け取った品物やサービスを個人的に消費する場合は、消費者と
　して通信販売の商品を購入したのと同じことなので、税金の申告
　は必要ありません。

(3)　購入型クラウドファンディングのまとめ

①　支援者が法人で、実施者が普通法人の場合

	支援者	実施者
法人税	損金に算入	益金に算入
消費税[※1]	仕入税額控除できる	課税される

※1　不課税取引および非課税取引に該当するものを除く（以下同様）

②　支援者が法人で、実施者が法人税法上の公益法人等の場合

	支援者	実施者
法人税	損金に算入	34 の収益事業に該当すれば課税
消費税[※1]	仕入税額控除できる	課税される

③　支援者が個人事業者で、実施者が普通法人の場合

	支援者	実施者
法人税または所得税	必要経費に算入	益金に算入
消費税[※1]	仕入税額控除できる	課税される

④　支援者が個人事業者で、実施者が法人税法上の公益法人等の場合

	支援者	実施者
法人税または所得税	必要経費に算入	34 の収益事業に該当すれば課税
消費税[※1]	仕入税額控除できる	課税される

⑤　支援者が個人で、実施者が普通法人の場合

	支援者	実施者
法人税または所得税	申告不要	益金に算入
消費税[※1]	申告不要	課税される

⑥　支援者が個人で、実施者が法人税法上の公益法人等の場合

	支援者	実施者
法人税または所得税	申告不要	34 の収益事業に該当すれば課税
消費税[※1]	申告不要	課税される

⑦　支援者が法人で、実施者が個人事業者の場合

	支援者	実施者
法人税または所得税	損金に算入	事業所得として課税
消費税[※1]	仕入税額控除できる	課税される

⑧　支援者が法人で、実施者が個人の場合

	支援者	実施者
法人税または所得税	損金に算入	雑所得として課税
消費税[※1]	仕入税額控除できる[※2]	申告不要

※2　令和5年10月1日インボイス制度の導入まで（下記⑩も同様）

⑨　支援者が個人事業者で、実施者が個人事業者の場合

	支援者	実施者
所得税	必要経費に算入	事業所得として課税
消費税[※1]	仕入税額控除できる	課税される

⑩ 支援者が個人事業者で、実施者が個人の場合

	支援者	実施者
所得税	必要経費に算入	雑所得として課税
消費税※1	仕入税額控除できる※2	申告不要

⑪ 支援者が個人で、実施者が個人事業者の場合

	支援者	実施者
所得税	申告不要	事業所得として課税
消費税※1	申告不要	課税される

⑫ 支援者が個人で、実施者が個人の場合

	支援者	実施者
所得税	申告不要	雑所得として課税
消費税	申告不要	申告不要

2 投資型クラウドファンディングの場合

(1) 株式投資型クラウドファンディング実施者の処理

① 法人が支援金を受け取ったとき

i) 株式投資型クラウドファンディングの基本的な考え方

　投資型クラウドファンディングと寄付型クラウドファンディングや購入型クラウドファンディングとの最大の違いは、投資型は金融取引であるという点にあります。そのため投資型クラウドファンディングの事業者は、金融商品取引法の規制を受け、実施者はその規制の中で資金を募集することになります。

　投資型クラウドファンディングは、さらに株式投資型クラウドファンディングとファンド型クラウドファンディングの2つのタイプに分かれます。株式投資型クラウドファンディングとは、クラウドファンディング実施者である未上場のスタートアップ企業が、新株または新株予約権を発行し、広く支援者（投資家）から支援金という名目の出資を募る行為です。

　クラウドファンディング支援者は、応援したいと思える企業を見つけて自分の責任で投資をし、その見返りとして出資額に応じた配当などの金銭的リターンを受け取ります。将来、投資先がIPOやM＆Aによるバイアウトに成功すれば、大きなキャピタルゲインを得ることも可能です。

　株式投資型クラウドファンディングで支援者が払った支援金は、通常の出資と同じように資産としての価値を持ち、将来的には第三者に譲渡できる性格を持つものです。したがって、実施者は受け取った支援金を、購入型や寄付型のように収益として認識する必要はありません。

ii）　支援金を受け取ったときの処理

> 資本金または資本準備金として計上します。

ア）　資本金または資本準備金として計上

　　実施者が株式投資型クラウドファンディングで受け取った支援金は、いったん株式申込証拠金として計上し、払込期日に資本金に振替します。

　　クラウドファンディング事業者によっては、株式ではなく新株予約権の発行に対応しているプラットフォームもあります。新株予約権を発行した場合は、事業者を通じて支援者（新株予約権者）から払い込まれた金額を、新株予約権勘定に計上します。

　　ところで会社法によると、資本金の払込み額のうち2分の1を超えない金額については、資本金として計上しないことができることとされています。その場合、資本金に計上しなかった額は、資本準備金として純資産の部に計上することになります（会社法445②③）。

　　払い込まれた金額のうち一部を資本準備金として積み立てるメリットとしては、次のようなことが考えられます。

a）　資本準備金は、登記の必要がない

　　資本金は会社の基本的な財産として、その金額を登記しなければなりません。資本準備金は登記の必要がないため、登記の際に必要な登録免許税を抑えることができます。

b）　資本金に比べて取り崩しやすい

　　資本準備金は、資本剰余金の一部として会社に積み立てられるものです。財務諸表でも、資本金とは分けて資本剰余金の内訳として表示され、取り崩す際の手続きも資本金ほど厳格ではありません。例えば資本金を減少する場合には、原則として株主総会の特別決議を必要としますが、資本準備金の取崩しの場合は、普通

決議でよいとされています（会社法309①②九、448）。そのため、万が一業績が悪化したときに欠損補塡（利益剰余金のマイナスを塡補すること）に利用することができます。

【純資産の部の表示】

純資産の部	
科目	金額
Ⅰ　株主資本	×××
資本金	×××
資本剰余金	×××
資本準備金	×××
その他資本剰余金	×××
利益剰余金	×××
利益準備金	×××
その他利益剰余金	×××
任意積立金	×××
繰越利益剰余金	×××

c)　優遇税制が受けやすい

　　法人税法では、資本金の額によって税務上の取扱いが変わります。払い込まれた金額のうち一部を資本金ではなく資本準備金に組み入れることで、税制上の特典を受けられる可能性があります。資本金の違いによる税務メリットについては、165ページを参照してください。

イ)　支払った手数料の会計処理

　　購入型や寄付型とは異なり、クラウドファンディング事業者の手数料は控除されずに、集まった支援金の全額が振り込まれます。募集が成立した際には、「募集取扱業務に対する手数料」を、別途ク

ラウドファンディング事業者に支払う流れになります。募集取扱業務に対する手数料は、「株式交付費」または「新株予約権の発行に係る費用」として、原則、営業外費用の部に計上します。

クラウドファンディングによる増資は、「企業規模の拡大のためにする資金調達などの財務活動にかかる株式交付費」に該当するため、例外として貸借対照表の繰延資産に計上することもできます。株式交付費には、株式募集のための広告費や金融機関の取扱手数料、証券会社の取扱手数料、目論見書・株券等の印刷費、変更登記の登録免許税、その他株式交付等のために直接支出した費用が含まれます。

その他にも審査料や企業情報開示のためのサポート料などの手数料が発生する場合があります。これらの費用は、株式交付にともなって発生するわけではないので、販売費および一般管理費として費用計上することになります。

繰延資産に計上した場合は、株式交付の時からまたは新株予約権の発行の時から3年以内に、その効果の及ぶ期間にわたって、定額法により償却することになります（企業会計基準委員会実務対応報告第19号「繰延資産の会計処理に関する当面の取扱い」）。

ウ)　資本金の変更登記をする

新株発行にともない増加した資本金の額や発行済株式の総数については、本店所在地を管轄する登記所に、払込期日から2週間以内に登記の申請を行わなければなりません（会社法915）。申請が受理され、登記が完了すれば、新しい資本金と発行済株式の総数が記載された登記事項証明書を取得することができます。

登記が完了したら、所轄の税務署および事業所所在地の都道府県税事務所、市区町村に「異動届出書」を提出します。

<table>
<tr><td colspan="2" rowspan="2">

税務署受付印</td><td colspan="2" rowspan="2">異 動 届 出 書
（□ 法人税　　□ 消費税）</td><td>※整理番号</td><td></td></tr>
<tr><td>※連結グループ整理番号</td><td></td></tr>
</table>

提出法人	（フリガナ）	
□□□□□ 単体法人 連結親法人 連結親法人となる法人 連結子法人 連結子法人となる法人	本店又は主たる 事務所の所在地	〒 電話（　　）　　－
	（フリガナ）	
	納　税　地	〒
	（フリガナ）	
	法人等の名称	
	法 人 番 号	|　|　|　|　|　|　|　|　|　|　|　|
	（フリガナ）	
	代 表 者 氏 名	
	（フリガナ）	
	代 表 者 住 所	〒

令和　年　月　日

税務署長殿

次の事項について異動したので届け出ます。

異 動 事 項 等	異　動　前	異　動　後	異動年月日 （登記年月日）
所轄税務署	税 務 署	税 務 署	

納 税 地 等 を 変 更 し た 場 合	給与支払事務所等の移転の有無　　□ 有　　□ 無（名称等変更有）　　□ 無（名称等変更無） ※ 「有」及び「無（名称等変更有）」の場合には「給与支払事務所等の開設・移転・廃止届出書」の提出も必要です。
事業年度を変更した場合	変更後最初の事業年度：（自）令和　　年　　月　　日 ～（至）令和　　年　　月　　日
合併、分割の場合	合 併　　□ 適格合併 □ 非適格合併　　分 割　□ 分割型分割 ： □ 適格 □ その他 　　　　　　　　　　　　　　　　　　　　　　　　　□ 分社型分割 ： □ 適格 □ その他
（その他参考となるべき事項）	

（規格A4）

税 理 士 署 名	

※税務署 処理欄	部門		決算期		業種 番号		番号		入力		名簿	

03.06改正

iii) 新株を発行したときの仕訳例

　a)　株式投資型クラウドファンディングで株主を募集し、支援金1,000万円が振り込まれた

（借方）別段預金　1,000万円

　　　　　　　　　　（貸方）新株式申込証拠金　1,000万円

　b)　払込期日が到来したので、2分の1の金額を資本金に振り替えた

（借方）新株式申込証拠金　1,000万円

　　　　　　　　　　（貸方）資本金　　　　　500万円

　　　　　　　　　　　　　　資本準備金　　　500万円

　c)　クラウドファンディングを利用して、新株予約権1,000万円の募集に成功した

（借方）普通預金　1,000万円　　（貸方）新株予約権　1,000万円

　d)　クラウドファンディング事業者に、審査料10万円と募集取扱手数料200万円を支払った

（借方）審査料（販管費）　　　　　　10万円

　　　　株式交付費（営業外費用）　200万円

　　　　　　　　　　（貸方）普通預金　210万円

iv) 増資による影響を考える

　資本金の額が増えることで、これまで受けられていた法人税の特典が受けられなくなったり、税率が上がったりするケースがあります。

　資本金が1億円以下の中小法人が受けられる法人税法や租税特別措置法上の主な特典には、次のようなものがあります。

【中小法人向けの法人税の主な特典】

特典	内容
軽減税率	所得が800万円以下の部分について、低い税率が適用される
留保金課税	特定同族会社に課される留保金課税の適用が停止されている
欠損金の繰越控除	繰り越した欠損金を所得金額の100%と相殺できる
欠損金繰戻還付	1年間に限り、欠損金の繰戻し還付ができる
交際費の損金算入	800万円までの交際費と接待飲食費の50%の有利な方を選択できる
貸倒引当金の繰入	法定繰入率に基づいて、繰入額を損金算入できる
少額減価償却資産の特例	30万円未満の減価償却資産の全額を損金算入できる
設備投資に対する優遇措置	減価償却の特別償却や税額控除など、中小法人向けの優遇措置多数
所得拡大促進税制の適用	積極的な賃上げや雇用に取り組む中小法人に適用される税額控除
研究開発税制の適用	研究開発を行った場合の減税額が大きい

　資本金の額が1億円を超えると、事業税の外形標準課税が適用になります。外形標準課税とは、所得だけでなく、資本金等の額や企業が支払った給料、支払利息、賃借料の金額に応じて課税しようというものです。スタートしたばかりの企業で、しばらくは利益が見込めないという場合でも、資本金が大きくなると予想外の税金コストが発生することになります。

　また、資本金等（資本金＋資本準備金）の額によって、法人地方税の均等割額が次のように変わります。

【法人の均等割額】

（例）東京都の特別区内のみに事務所を有する場合

資本金の額	従業者数	均等割額
1千万円以下	50人以下	70,000円
	50人超	140,000円
1千万円超～1億円以下	50人以下	180,000円
	50人超	200,000円
1億円超～10億円以下	50人以下	290,000円
	50人超	530,000円
10億円超～50億円以下	50人以下	950,000円
	50人超	2,290,000円
50億円超	50人以下	1,210,000円
	50人超	3,800,000円

② 法人が剰余金の分配をしたとき

i) 配当時の会計処理

　株式投資型クラウドファンディングを利用すると、財務基盤の弱いスタートアップ企業でも、多額の資金を集めることが可能になります。支援金に税金はかからないので、企業は集めた資金を効率的に事業活動に投下することができます。

　クラウドファンディングの支援者は、金銭的な利益よりも、社会に必要とされる将来性ある会社を応援したいという気持ちから投資をする傾向があります。とはいえ、支援者の気持ちに報いるためにも、企業には出資の見返りとして、事業活動で獲得した利益の一部を分配することが求められます。

　企業が剰余金を分配することを配当といいます。配当金を支払う場合は、まず株主総会で配当の決議を行います。株主総会で決議される

のは、配当する財産の種類と総額、1株あたりの配当額および配当の効力が発生する日です。実際に配当が支払われるのは、効力発生日以降ということになります。

　会計処理としては、株主総会の決議を行った時点で、純資産の部の利益剰余金から、未払配当金勘定を使って、負債の部へ振り替えます。その後、実際に株主に配当金を払ったときに、未払配当金を消し込む会計処理を行います。

ⅱ）　利益準備金を積み立てる

　株式会社に資金を提供しているのは、株主だけではありません。会社に資金を貸し付けている金融機関などの債権者も、会社にとって重要な利害関係者ということになります。そこで会社法では、配当によって会社の財産が社外に流出してしまうのを防ぐ目的で、減少する利益剰余金の額の10分の1に相当する金額を、配当の都度、利益準備金として積み立てなければならないと定めています。ただし、すでに積立済みの準備金（資本準備金と利益準備金の合計額）が、資本金の4分の1に達している場合は不要です（会社法445④、会社計算規則22②一）。

ⅲ）　所得税を源泉徴収する

　法人（公益法人等および人格のない社団を除きます）が、居住者や内国法人に剰余金の配当を行う場合には、その支払の際に、配当金の額から所得税および復興特別所得税を源泉徴収することとされています。源泉徴収の税率は、20.42％です。預かった源泉所得税は、翌月の10日までに最寄りの金融機関または所轄税務署で納税します（所法181①、182二、212③、213②二、復興財確法13）。

iv) 支払調書を作成する

　　配当金を支払ったら、株主ごとに「配当、剰余金の分配、金銭の分配及び基金利息の支払調書」を作成して、株主に交付します。同時に「配当、剰余金の分配、金銭の分配及び基金利息の支払調書合計表」を作成し、支払調書と一緒に支払確定日または支払った日から1か月以内に、所轄の税務署に提出します（所法225①二・八）。ただし、1回に支払う金額が3万円以下（計算期間が1年未満の場合には1万5,000円）の場合や、非上場会社が居住者に1回に支払う金額が10万円（または10万円×配当計算期間の月数÷12）以下の場合など金額が少ないものについては、支払調書の提出は不要とされています。

v) 剰余金の配当を行ったときの仕訳例

a) 株主総会で配当の決議を行った

（借方）繰越利益剰余金　100万円　　（貸方）未払配当金　100万円

b) 会社法の定めにしたがって、配当額の10分の1を利益準備金に積み立てた

（借方）繰越利益剰余金　10万円　　（貸方）利益準備金　10万円

c) 配当金を支払った（源泉徴収税率は20.42%）

（借方）未払配当金　　　　100万円

　　　　　　　　　　　（貸方）普通預金　　　　79万5,800円

　　　　　　　　　　　　　　　預り金（所得税）20万4,200円

令和　　年分　　配当、剰余金の分配、金銭の分配及び基金利息の支払調書

支払を受ける者	住所(居所)又は所在地		個人番号又は法人番号	
	氏名又は名称			

株式の数又は出資若しくは基金の口数			配当等の金額	通知外国税相当額	源泉徴収税額
区分 種類	旧株(出資、基金) 千株(口)	新株(出資、基金) 千株(口)	千円	千円	千円

基準日	支払確定又は支払年月日	1株又は出資1口当たりの配当(分配)金額
年　月　日（　年　月　日　）	年　月　日	円　銭

(摘要)

支払者	所在地		法人番号	
	名称	(電話)		

支払の取扱者	所在地		法人番号	
	名称	(電話)		

整理欄	①	②

○ 個人番号又は法人番号…欄に個人番号(12桁)を記載する場合には、右詰で記載します。

359

令和　　年分　　配当、剰余金の分配、金銭の分配及び基金利息の支払調書合計表

区分		支払総額(支払調書提出省略分を含む。)				左のうち、支払調書を提出するものの合計			
		株主(出資者)数	株式数又は出資若しくは基金の口数	配当(分配)金額	源泉徴収税額	株主(出資者)数	株式数又は出資若しくは基金の口数	配当(分配)金額	源泉徴収税額
居住者又は内国法人に支払うもの	課税分	人		円	円	人		円	円
	非課税分								
非居住者又は外国法人に支払うもの	課税分 一般分								
	課税分 軽減分								
	非課税又は免税分								
計		旧 株(口) 新				旧 株(口) 新			
摘要		1株(口)当たり配当(分配)金額 旧 円 新							

○ 提出媒体欄には、コードを記載してください。(電子=14、FD=15、MO=16、CD=17、DVD=18、書面=30、その他=99)
(注)　平成27年12月以前の合計表を作成する場合には、「法人番号」欄に何も記載しないでください。

(用紙　日本産業規格　A4)

③ 税制上の優遇措置が受けられる場合

ⅰ) エンジェル税制対象法人とは

　クラウドファンディング実施者がエンジェル税制の対象法人に該当すると、支援者である個人投資家が投資時点と売却時点において、税制上の優遇措置を受けることができます。この優遇制度のことをエンジェル税制といいます（優遇措置は179ページ参照）。

　エンジェル税制には優遇税制Aと優遇税制Bの２種類があり、実施者であるベンチャー企業の設立年数に応じて、対象となるための要件が異なっています。

　自分の会社がエンジェル税制の対象法人かどうかについて、クラウドファンディングを利用して出資を受ける前に、中小企業庁の確認を受けることができる事前確認制度があります。確認を受けた企業の情報は経済産業省のホームページに掲載され、誰でも閲覧することができる仕組みになっています。

（参考：中小企業庁　事前確認制度の概要および確認企業一覧　https://www.chusho.meti.go.jp/keiei/chiiki/angel/companylist/index.html）

　なお、株式投資型クラウドファンディングにより株主を募集する場合には、認定少額電子募集取扱業者であるクラウドファンディング事業者がベンチャー企業に対し、エンジェル税制の対象法人に該当することにつき、確認書を発行することができます。株式投資型クラウドファンディング事業者が確認事業者となる場合には、下記b)ベンチャー企業要件のうち試験研究費支出要件および下記c)外部株主要件が免除されることになります（(b)の営業キャッシュ・フロー赤字要件は免除されません）。

ⅱ) エンジェル税制の対象法人となるための要件

　クラウドファンディング実施者がエンジェル税制の対象法人となる

ためには、次の要件を満たす必要があります。

  a)　［設立経過年数要件］

    優遇措置Ａ　設立5年未満の中小企業者であること

    優遇措置Ｂ　設立10年未満の中小企業者であること

  b)　［ベンチャー企業要件］

    設立経過年数に応じて、常勤役員・従業者に占める研究者や新事業活動従事者の割合、直前期までの営業キャッシュ・フロー、収入金額に占める試験研究費等の割合、売上高成長率などが所定の要件を満たしていること（次頁以降の表を参照）

  c)　［外部株主要件］

    外部（特定の株主グループ以外）からの投資を、6分の1以上取り入れていること

  d)　［中小企業者要件］

    大規模法人（資本金1億円超等）および大規模法人と特殊な関係（子会社等）にある法人の所有に属さないこと

  e)　［未上場要件］

    未登録・未上場の株式会社で、風俗営業等に該当する事業を行っていないこと

【優遇措置Aのベンチャー企業要件】

設立経過年数（事業年度）	要件（いずれかを満たすこと）
1年未満かつ最初の事業年度を未経過	研究者あるいは新事業活動従事者が2人以上かつ常勤の役員・従業員の10％以上
1年未満かつ最初の事業年度を経過	研究者あるいは新事業活動従事者が2人以上かつ常勤の役員・従業員の10％以上で、直前期までの営業キャッシュ・フローが赤字
	試験研究費等（宣伝費、マーケティング費用を含む）が収入金額の5％超で直前期までの営業キャッシュ・フローが赤字
1年以上～2年未満	新事業活動従事者が2人以上かつ常勤の役員・従業員の10％以上で、直前期までの営業キャッシュ・フローが赤字
	試験研究費等（宣伝費、マーケティング費用を含む）が収入金額の5％超で直前期までの営業キャッシュ・フローが赤字
	売上高成長率が25％超で営業キャッシュ・フローが赤字
2年以上～3年未満	試験研究費等（宣伝費、マーケティング費用を含む）が収入金額の5％超で直前期までの営業キャッシュ・フローが赤字
	売上高成長率が25％超で営業キャッシュ・フローが赤字
3年以上～5年未満	試験研究費等（宣伝費、マーケティング費用含む）が収入金額の5％超で直前期までの営業キャッシュ・フローが赤字

【優遇措置Bのベンチャー企業要件】

設立経過年数（事業年度）	要件（いずれかを満たすこと）
1年未満かつ最初の事業年度を未経過	研究者あるいは新事業活動従事者が2人以上かつ常勤の役員・従業員の10%以上
1年未満かつ最初の事業年度を経過	研究者あるいは新事業活動従事者が2人以上かつ常勤の役員・従業員の10%以上
	試験研究費等（宣伝費、マーケティング費用を含む）が収入金額の3%超
1年以上～2年未満	新事業活動従事者が2人以上かつ常勤の役員・従業員の10%以上
	試験研究費等（宣伝費、マーケティング費用を含む）が収入金額の3%超
	売上高成長率が25%超
2年以上～5年未満	試験研究費等（宣伝費、マーケティング費用を含む）が収入金額の3%超
	売上高成長率が25%超
5年以上～10年未満	試験研究費等（宣伝費、マーケティング費用を含む）が収入金額の5%超

（参考：中小企業庁　エンジェル税制の対象要件
https://www.chusho.meti.go.jp/keiei/chiiki/angel/subject/index2.html）

☞ **POINT**

●実施者がクラウドファンディングで受け取った支援金は、資本金または資本準備金として資本の部に計上します。

●資本金の額が増えることで、これまで受けられていた法人税の特典が受けられなくなったり、税率が上がったりすることが考えられます。

●剰余金の配当を行う場合は、株主総会の決議を行った時点で、純資産の部の利益剰余金を負債の部へ振り替えます。同時に、配当金の10分の1に相当する金額を利益剰余金に積み立てます。

(2) 株式投資型クラウドファンディング支援者の処理

① クラウドファンディング支援者が法人の場合

i) 株式を取得したとき

> 市場性のないその他有価証券に該当します。

　法人が株式投資型クラウドファンディングで支援金（出資金）を払うということは、実施者が新たに発行する株式を、支援者である法人が引き受ける（購入する）ことと同じです。したがって、法人が購入した株式は、投資有価証券として貸借対照表の資産の部に計上することになります。

　「中小企業の会計に関する指針」によると、有価証券は保有目的の観点から、以下の４つに分類され、それぞれの分類に応じた会計処理を行うこととされています。

分類		貸借対照表価額	評価差額
売買目的有価証券		時価	損益（営業外損益）
満期保有目的の債券		償却原価 （取得原価）	償却原価法による差額： 営業外損益
子会社および関連会社株式		取得原価	該当なし
その他有価証券	市場価格あり	時価	純資産の部（税効果考慮後の額）（全部純資産直入法の場合）
	市場価格なし	取得原価 （債券：償却原価）	該当なし（償却原価法による差額：営業外損益）

　その他有価証券とは、売買目的有価証券、満期保有目的の債券、子会社株式および関連会社株式以外の有価証券をいい、長期的な価格の変動を利用して利益を得る目的の株式などが該当します。その他有価証券は、さらに市場価格のあるものとないものに区分され、市場価格

がないものは取得原価をもって貸借対照表価額とします。株式投資型クラウドファンディングで取得した株式は、市場価格のない「その他有価証券」に該当するので、取得原価で貸借対照表に計上することになります。

※ところで、株式投資型クラウドファンディングには、投資家が投資できる金額は1社につき年間50万円以下という制限が設けられているため、現在のところ投資家として法人を対象にしたプラットフォームはありません。ベンチャー企業への投資を促進するためにも、今後さらなる規制緩和が期待されるところです。

ⅱ）配当金を受け取ったとき

> 受取配当金として営業外収入の部に計上します。

　支援者である法人が、実施者から受け取った配当金は、受取配当金として営業外収入の部に計上します。ただし、支援者が内国法人で、かつ実施者も内国法人の場合（海外子会社を除きます）は、受け取った配当等の金額のうち、下記の表のそれぞれに相当する金額は、法人税の計算上、益金に算入されません（法法23①④）。

配当を支払う法人との関係性	株式保有割合	益金に算入されない金額
a）　完全子法人株式等の場合	100％	受取配当等の額　×　100％
b）　関連法人株式等の場合	3分の1超 100％未満	受取配当等の額　－　その配当等にかかる利子の額に相当する金額※
c）　a)b)d)のいずれにも該当しない場合	5％超 3分の1以下	受取配当等の額　×50％
d）　非支配目的株式等の場合	5％以下	受取配当等の額　×20％

※2022年4月1日以後に開始する事業年度から適用。2022年3月31日までは、「関連法人株式等にかかる利子の額に相当する金額」。

d)の非支配目的株式等とは、配当基準日において、他の内国法人の発行済株式等の５％以下の株式等を所有している場合の株式等のことをいいます。株式投資型クラウドファンディングで支援者（投資家）が取得できる金額は、１社につき年間50万円までという制限があるため、基本的には d)に該当することになります。（法法23⑦、法令22の3の2（2022年4月1日以降：法法23⑥、法令22の3））。

☞ **POINT**

◉法人が株式投資型クラウドファンディングで取得した株式は、市場価格のない「その他有価証券」に該当し、取得原価で固定資産の部に計上します。

◉内国法人が株式投資型クラウドファンディングで取得した株式に基づき受け取った配当金のうち20％に相当する金額は、法人税の計算上、益金の額に算入されません。

②　クラウドファンディング支援者が個人の場合

ⅰ)　株式を取得したとき

ア)　エンジェル税制が適用される場合

　　支援者が個人の場合、株式を購入しただけでは、所得税や住民税が課税されることはありません。ただし、クラウドファンディング実施者がエンジェル税制の対象企業に該当している場合には、確定申告を行うことで所得税の減税措置を受けることができます（措法37の13、措令25の12、措規18の15、措通（所）37の13-5）。

　　エンジェル税制とは、ベンチャー企業への投資を促進するために、アーリーステージの会社に投資を行った個人投資家に対し、税制上の優遇措置を行う制度のことをいいます。支援者が投資を行った時点と売却時点のいずれの時点でも、税制上のメリットがあります。エンジェル税制の優遇措置を受けるためには、個人投資家による資金の払込期日時点で、個人投資家要件と発行企業側のベンチャー企業要件の両方を満たしている必要があります。

【個人投資家要件】

> 　個人投資家がエンジェル税制の優遇措置を受けるためには、下記の要件を満たしている必要があります。
> ①　金銭の払込みにより、対象となる企業の株式を取得していること
> ②　投資先ベンチャー企業が同族会社である場合において、持株割合が大きいものから第3位までの株主グループの持株割合を順に加算し、その割合が初めて50％超になる時における株主グループに属していないこと

【ベンチャー企業要件】

> 　実施者がエンジェル税制の対象企業に該当するための要件は、171ページのⅱ)を参照してください。投資先の会社がエンジェル税制の対象企業に該当するかどうかは、クラウドファンディング事業者のプラットフォームで確認することができます。

イ) 投資時のメリット

確定申告時に、下記の優遇措置Aと優遇措置Bのうち、いずれか
を選択できます。ただし、投資先の企業が優遇措置Bに該当する場
合には、Bのみの適用になります。

【優遇措置A】

対象	内容	上限
設立5年未満の企業への投資	(投資額－2000円)を、総所得金額から控除できる	総所得金額×40%と800万円のいずれか低い方

【優遇措置B】

対象	内容	上限
設立10年未満の企業への投資	対象企業への投資額全額をその年の他の株式譲渡益から控除できる	なし

ウ) 売却時のメリット

非上場株式については通常認められていない「損益通算」と「3
年間の損失繰越」が可能です。エンジェル税制の適用がある株式を
売却して損失が生じた場合には、下記ⅱ)にかかわらず、その年に生
じた上場株式等の譲渡益と相殺できます。相殺しきれずに残った金
額についても、翌年以降の3年間、一般株式等に係る譲渡所得等お
よび上場株式等に係る譲渡所得等の金額から繰越控除することがで
きます。

エ) 発行会社が破綻した時のメリット

エンジェル税制の適用会社が上場できないまま破産したり清算し
たりすることも考えられます。所有していた株式の価値がなくなっ
たことにより生じた損失の額は、その株式等の譲渡があったことに

より生じた損失の額とみなして、一般株式等に係る譲渡所得等の金額を計算します。さらに、その年に控除できなかった損失の額は、翌年以降の3年間、繰り越すことができます。ただし株式を取得した年に優遇措置Aまたは優遇措置Bを受けている場合は、すでに控除を受けた金額は除いて計算します。

ii）　株式を売却したとき

株式を売却した場合の譲渡所得（事業所得、雑所得の場合を含みます）は、「上場株式等に係る譲渡所得等の金額」と「一般株式等に係る譲渡所得等の金額」に区分し、それ以外の所得の金額とは分けて税金を計算する「申告分離課税」が適用されます。

上場株式等に係る譲渡所得等の金額と、一般株式等に係る譲渡所得等の金額は、それぞれ別の申告分離課税とされているため、原則として上場株式等に係る譲渡損益と一般株式等に係る譲渡損益を相殺することはできません。

株式投資型クラウドファンディングで発行される株式は、原則として上場株式等以外の株式に該当し、一般株式等に係る譲渡所得等として、申告分離課税により税額の計算をすることになります（措法8の2）。

一般株式等に係る譲渡所得等の金額は、下記の算式で計算します。

> 総収入金額－必要経費（取得費＋委託手数料等）＝　一般株式等に係る譲渡所得等の金額

総収入金額とは、株式等の譲渡価額のことをいいます。必要経費とは、株式取得のためにクラウドファンディングで払い込んだ金額や、株式を売却するためにかかった手数料などが該当します。

一般株式等を譲渡して損失が生じた場合，損失額はその年に発生し

た他の一般株式等の譲渡益からのみ控除できます。控除しきれずに残った損失の金額はないものとみなされ、一般株式等以外の株式等の譲渡益や給与所得など他の所得と相殺することはできません。また、他の所得で生じた損失を一般株式等に係る譲渡所得等から控除することもできません（措法 37 の 10 ①⑥、措令 25 の 8 ①）。

iii) 配当金を受け取ったとき

ア) 配当所得の計算方法

株式投資型クラウドファンディングで取得した株式は非上場株式に該当するので、原則として、受け取った配当金は配当所得として、確定申告が必要です。配当所得は総合課税の対象になり、給与所得や事業所得など他の所得と合算して求めた総所得金額から、所得控除の合計額を控除し、その残額に税率をかけて所得税を計算します（総合課税は 137 ページ参照）。

配当所得は、次の算式で計算します（所法 24）。

> 収入金額（源泉徴収税額を差し引く前の金額）－株式などを取得するための借入金の利子＝配当所得の金額

収入金額から差し引くことができる借入金の利子は、配当の基礎となる元本を保有していた期間に対応する部分に限られます。

上場株式等以外の株式の場合、受け取る配当金からは、20.42％（地方税なし）の税率で、所得税および復興特別所得税が源泉徴収されています（所法 181、182、復興財確法 13）。源泉徴収された所得税等は、原則として個人が納付すべきその年の所得税額等と精算することができます。

イ) 少額の配当金の場合

配当金の額が少額の場合、確定申告は不要です（措法 8 の 5）。

確定申告不要制度を選択できるのは、1回に受け取る金額が次の算式で計算した金額以下の場合に限ります。この制度を適用するかどうかは、1回に支払を受けるべき配当金の額ごとに判定します。

【確定申告不要制度の対象となる金額（非上場会社からの配当の場合）】

> 10万円　×　配当計算期間の月数　÷　12

ただし、確定申告不要制度を選択すると、配当所得にかかる源泉徴収税額をその年の所得税額等から差し引くことはできません。また、下記の配当控除を受けることもできません。

※　少額配当として確定申告しない場合でも、住民税の申告は必要です。

ウ)　配当控除の計算方法

国内に本店のある法人から配当を受けた場合に適用される税額控除です。国内株式の配当は法人の税引き後所得から分配されるため、配当金を受け取った人にさらに所得税を課税することは、二重課税の問題が発生することになります。この問題を排除するための制度が、配当控除です。ただし、配当控除が受けられるのは、確定申告において総合課税の適用を受けた場合に限られます。

配当控除の金額は、次の算式で計算します。

a)　課税総所得金額等が1千万円以下の場合

> 配当控除の額＝A＋B
>
> A　剰余金の配当等に係る配当所得の金額×10％
>
> B　証券投資信託の収益の分配金に係る配当所得の金額×5％
>
> （または2.5％）

b) 課税総所得金額等が1千万円を超え、かつ課税総所得金額等から証券投資信託の収益の分配に係る配当所得の金額を差し引いた金額が1千万円以下の場合

> 配当控除の額 = A + B + C
>
> A　剰余金の配当等に係る配当所得の金額 × 10%
>
> B　(証券投資信託の収益の分配に係る配当所得の金額のうち、課税総所得金額等から1千万円を差し引いた金額(B′)に相当する部分の金額) × 2.5%(または1.25%)
>
> C　証券投資信託の収益の分配に係る配当所得の金額のうち上記B′を超える部分の金額 × 5%(または2.5%)

c) 課税総所得金額等から証券投資信託の収益の分配に係る配当所得の金額を差し引いた金額が1千万円を超える場合(d)を除く)

> 配当控除の額 = A + B + C
>
> A (剰余金の配当等に係る配当所得の金額のうち、課税総所得金額等から1千万円と証券投資信託の収益の分配に係る配当所得の金額の合計額を差し引いた金額(A′)に相当する部分の金額) × 5%
>
> B　剰余金の配当等に係る配当所得のうち、上記A′を超える部分の金額 × 10%
>
> C　証券投資信託の収益の分配に係る配当所得の金額 × 2.5%(または1.25%)

d)　課税総所得金額等から剰余金の配当等に係る配当所得の金額および証券投資信託の収益の分配に係る配当所得の金額の合計額を差し引いた金額が1千万円を超える場合

配当控除の額＝A＋B

A　剰余金の配当等に係る配当所得の金額×5％

B　証券投資信託の収益の分配金に係る配当所得の金額× 2.5％

（または 1.25％）

☞ **POINT**

◉クラウドファンディング実施者がエンジェル税制適用のベンチャー企業に該当する場合は、確定申告を行うことで、所得税の還付を受けることができます。

◉設立5年未満のエンジェル税制対象法人へ投資した場合は、投資額から 2,000 円を差し引いた金額を、総所得金額から控除できます。

◉設立 10 年未満のエンジェル税制対象法人へ投資した場合は、対象企業への投資額全額をその年の他の株式譲渡益から控除できます。

(3)　ファンド型クラウドファンディング実施者の処理

①　ファンド型クラウドファンディングの基本的な考え方

　ファンド型クラウドファンディングとは、資金を必要としている人とお金を貸したい人とをインターネット上でつなげる金融サービスのことをいいます。

　ファンド型クラウドファンディングには、支援者（投資家）から集めた資金を実施者に貸し付ける融資型と、実施者の事業そのものに投資をする事業投資（持分）型の2つのタイプがあります。

　ファンド（融資）型クラウドファンディングでは、事業者のプラットフォームを通して少額の資金を多数の投資家から集めて大口化し、資金を必要とする法人に貸し付けます。集まった資金の運用は、ファンドを募集する取扱業者とは別の組織体である匿名組合の営業者が行います（同じ事業者の場合もあります）。融資型の場合は、支援者とクラウドファンディング事業者（匿名組合の営業者）が、個別に匿名契約を結びます。

　ファンド（事業投資）型クラウドファンディングは、クラウドファンディング事業者が仲介役となって多数の投資家から資金を集め、実施者が行う事業そのものに投資します。事業投資型では、支援者（投資家）と実施者（営業者）が直接、1対1の匿名組合契約を結ぶことになります。実施者（営業者）は、事業の達成度合い（売上高が一般的）に応じて分配金を支払います。

【融資型と事業投資型の比較】

	融資型	事業投資（持分）型
投資金返還の期限	あり	あり
分配金の業績連動	なし	あり
経営への関与	なし	なし
匿名組合契約	支援者と運用会社の間で締結	支援者と実施者の間で締結

②　ファンド（融資）型クラウドファンディングの場合

i)　ファンド（融資）型クラウドファンディングの会計処理

　　ファンド（融資）型クラウドファンディングの場合、クラウドファンディング事業者は、匿名組合の営業者として支援者（投資家）と匿名組合契約を結び、集めた資金をクラウドファンディング実施者に貸し付けます。クラウドファンディング実施者は支援者（投資家）ではなく、匿名組合の営業者と金銭消費貸借契約を交わすことになります。

　　実施者である法人が受け取った資金は、通常の融資と同じように、借入金として負債の部に計上します。

　　ファンドの運用期間（返済期限）が、決算の翌日から1年以内に到来する場合には流動負債、1年を超える場合には固定負債となります。

　　実施者は契約にしたがってクラウドファンディング事業者に利息を支払い、事業者はそこからファンドの営業者報酬その他必要な費用を差し引いて支援者（投資家）に分配する流れになります。

　　実施者である企業は、払った利息について、支払利息勘定を使って営業外費用に計上します。

　　金銭消費貸借契約の契約期間が満了したら、元本はクラウドファンディング事業者を通して支援者（投資家）に償還されます。

ii)　ファンド（融資）型クラウドファンディングで資金を調達した場合の仕訳例

　　a)　3,000万円の目標額を達成し、クラウドファンディング事業者（匿名組合の営業者）から手数料を差し引いて、2,500万円が振り込まれた

　　　　（借方）普通預金　　　2,500万円　　　（貸方）長期借入金　3,000万円
　　　　　　　　手数料　　　　　500万円

　　b)　利息として、匿名組合の営業者に300万円を支払った

　（借方）支払利息　　　300万円　　（貸方）現金預金　　　300万円

　c)　契約期間の満了にともない、借入金を返済した

　（借方）長期借入金　3,000万円　　（貸方）普通預金　　3,000万円

☞ **POINT**

●クラウドファンディング実施者が受け取った資金は、通常の融資と同じように、借入金として負債の部に計上します。

●ファンドの運用期間（返済期限）が、決算の翌日から1年以内に到来する場合には流動負債に、1年を超える場合には固定負債に表示します。

③　ファンド（事業投資）型クラウドファンディングの場合

ⅰ)　ファンド（事業投資）型クラウドファンディングの会計処理

　ファンド（事業投資）型クラウドファンディングでは、クラウドファンディング実施者が匿名組合の営業者になり、支援者（投資家）と個別に匿名組合契約を結びます。実施者（営業者）は、クラウドファンディングで集めた資金を使って必要な投資を行い、売上高に応じて支援者に損益を分配します。

　クラウドファンディング実施者（匿名組合の営業者）が調達した資金は、実施者（営業者）の資本ではないので、匿名組合（出資）預り金として貸借対照表の負債の部に計上します。ファンドの運用期間が決算の翌日から1年以内に終了する場合には流動負債、1年を超える場合には固定負債となります。

　匿名組合契約に基づく資産および負債は実施者(匿名組合の営業者)に帰属するため、実施者の貸借対照表に計上し、ファンドの運用期間終了後は実施者の財務諸表に残ることになります。

　匿名組合事業から生じた収益および費用はいったん匿名組合の営業者の損益計算書に計上しますが、最終的な損益は支援者（組合員）に帰属するため、その後「匿名組合利益分配金（匿名組合損失分配金)」勘定を使って特別損益に計上し、実施者（匿名組合の営業者）の利益から控除（損失の場合は加算）することになります。

　支援者（組合員）に対する分配金が未払いの間は、未払匿名組合分配金として貸借対照表の負債の部に計上しておきます。

ⅱ)　源泉徴収の義務

　匿名組合契約に基づいて分配金を支払う場合、実施者（匿名組合の営業者）には源泉徴収を行う義務が課されています。分配金の総額が出資金相当額を上回り、利益が発生することとなった場合は、利益に対する源泉所得税 20.42％を差し引いて振り込みます。源泉徴収した所得税は、翌月 10 日までに所轄の税務署に納付しなければなりません（所法 210)。

　利益の分配による源泉徴収を行った営業者は、「匿名組合契約等の利益の分配の支払調書」と「匿名組合契約等の利益の分配の支払調書合計表」を作成し、翌年 1 月 31 日までに所轄の税務署に提出します（所法 225 ①三・八)。

令和　年分　匿名組合契約等の利益の分配の支払調書

支払を受ける者	住所（居所）又は所在地						
	氏名又は名称				個人番号又は法人番号		

支払確定日	出資の金額	利益分配率	支払金額	源泉徴収税額
年　月　日	千　円	％	千　円	千　円
・　・				
・　・				
・　・				

(摘要)

支払者	住所（居所）又は所在地					
	氏名又は名称	（電話）			個人番号又は法人番号	

整理欄	①	②

○個人番号又は法人番号欄に個人番号（12桁）を記載する場合は、右詰で記載します。

320

令和　年分　匿名組合契約等の利益の分配の支払調書合計表

処理事項	通信日付印	検収	整理簿登載	身元確認
	※　・　・	※	※	※

税務署受付印

令和　年　月　日提出

税務署長殿

提出者

住所（居所）又は所在地	電話（　－　　　－　　　）
個人番号又は法人番号 （個人番号の記載に当たっては、左端を空欄とし、ここから記載してください。）	
フリガナ　氏名又は名称	
フリガナ　代表者氏名	

整理番号	
調書の提出区分 （新規=1、追加=2、訂正=3、無効=4）	提出媒体	本店一括	有・無
作成担当者	
作成税理士署名	税理士番号（　　　　）
	電話（　－　　　－　　　）

支払確定年月	件数	出資金額	利益の分配率	支払金額			源泉徴収税額	摘要
				課税分	非課税又は免税分	計		
年　月	件	円	％	円	円	円	円	
年　月								
年　月								
年　月								
年　月								
年　月								
年　月								
年　月								
計								
計のうち支払調書を提出するものの合計								
計の内訳　居住者又は内国法人に支払ったもの								
非居住者又は外国法人に支払ったもの								

○　提出媒体欄には、コードを記載してください。（電子=14、FD=15、MO=16、CD=17、DVD=18、書面=30、その他=99）

(注)　平成27年12月分以前の合計表を作成する場合には、「個人番号又は法人番号」欄に何も記載しないでください。

（用紙　日本産業規格　A4）

平成28年1月1日以後提出用

189

iii)　ファンド（事業投資）型クラウドファンディングで資金を調達した場合の仕訳例

※　事業投資型クラウドファンディングは事業者によってスキームが異なりますので、実際のファンド詳細を確認してください。

a)　1,500万円の目標額を達成し、クラウドファンディング事業者から手数料を差し引いて1,400万円が振り込まれた

（借方）普通預金　1,400万円

　　　　手数料　　　100万円

　　　　　　　　（貸方）匿名組合（出資）預り金　1,500万円

b)　支援者（組合員）に対する1期目の分配額1,000万円が確定した

（借方）匿名組合（出資）預り金　1,000万円

　　　　　　　　（貸方）未払匿名組合分配金　1,000万円

c)　支援者に分配金1,000万円を支払った

（借方）未払匿名組合分配金　1,000万円

　　　　　　　　　　（貸方）普通預金　1,000万円

d)　2期目になって、支援者（組合員）に対する分配額800万円が確定した。これにより分配金の総額が当初の出資金額を300万円超えることとなった

（借方）匿名組合（出資）預り金　500万円

　　　　匿名組合利益分配額　　　300万円

　　　　　　　　（貸方）未払匿名組合分配金　800万円

e)　支援者に分配金800万円を支払った

（借方）　未払匿名組合分配金　800万円

　　　　　　　　（貸方）普通預金　　　　　738万7,400円

　　　　　　　　　　　　預り金（所得税）　61万2,600円※

　　　　　　※　（800万円 − 500万円）× 20.42％ = 61万2,600円

iv) 匿名組合営業者の財務諸表

　匿名組合営業者の財務諸表についての法令やルールは、特に定められているわけではありません。下記サンプルでは、「匿名組合契約に基づく利益（損失）分配前の税引前当期純利益」欄を設けることで、実施者（匿名組合の営業者）固有の損益と支援者（匿名組合員）に帰属する損益を区別して表示できるようになっています。

【匿名組合営業者の貸借対照表のサンプル】

資産の部		負債の部	
科目	金額	科目	金額
Ⅰ　流動資産	×××	Ⅰ　流動負債	×××
現金および預金	×××	未払匿名組合分配金	×××
売掛金	×××	匿名組合（出資）預り金	×××
：	×××	：	×××
Ⅱ　固定資産	×××	Ⅱ　固定負債	×××
1　有形固定資産	×××	匿名組合（出資）預り金	×××
2　無形固定資産	×××	：	×××
3　投資その他の資産	×××	純資産の部	
：	×××	Ⅰ　資本金	×××
Ⅲ　繰延資産	×××	：	×××
：	×××	：	×××
資産合計	×××	負債・純資産合計	×××

【匿名組合営業者の損益計算書のサンプル】

科目	金額
Ⅰ　売上高	×××
Ⅱ　売上原価	×××
売上総利益	×××
Ⅲ　販売費および一般管理費	×××
営業利益	×××
Ⅳ　営業外収益	×××
Ⅴ　営業外費用	×××
経常利益	×××
匿名組合契約に基づく利益（損失）分配前の税引前当期純利益	×××
匿名組合利益分配額（匿名組合損失分配額）	×××
税引前当期純利益	×××
法人税・住民税および事業税	×××
当期純利益	×××

☞ **POINT**

● クラウドファンディング実施者が受け取った資金は、匿名組合（出資）預り金として、負債の部に計上します。

● 匿名組合契約に基づく資産および負債は、クラウドファンディング実施者（匿名組合の営業者）に帰属します。

● 出資金額を超えて分配金を払う場合は、匿名組合利益分配額勘定を使って特別損失に計上します。

(4) ファンド型クラウドファンディング支援者の処理

① クラウドファンディング支援者が個人の場合

i) 利益の分配を受けた場合

> 分配金は、雑所得として課税されます。

　個人がファンド型クラウドファンディングに投資しただけで課税されることはなく、確定申告は不要です。融資型で分配金を受け取る場合や、事業投資型で受け取る分配金の累計額が出資額を超過した場合には、雑所得として課税されます。

　匿名組合事業から生じた所得は、組合員である支援者にダイレクトに帰属するわけではありません。いったんクラウドファンディング実施者（匿名組合の営業者）の損益に組み込まれて計算され、営業者から分配される利益に対して、所得税および住民税が課税される流れになります。

　雑所得には総合課税方式が適用され、給与所得など他の所得の金額と合計して総所得金額を求めた後、納める税額を計算することになります。雑所得の計算は、137 ページを参照してください。

　匿名組合契約に基づいて支払われる分配金からは、20.42％の源泉所得税が控除されています。源泉徴収された金額は、確定申告の際、他の所得と合算して計算した税額から控除することができます。

　他に所得がない人でクラウドファンディングによる雑所得の金額が48 万円以下の人や、１か所からのみ給与の支払を受けている人でクラウドファンディングによる雑所得の金額が 20 万円以下の人など、一定の条件に該当する人は確定申告の必要はありません（140 ページ参照）。

ⅱ）　損失が出た場合

　　組合事業から発生した損失の金額は、雑所得以外の他の所得と損益通算することはできません。ただし、当初の予定どおりにファンドの運用が進まず、デフォルトして事業に損失が出た場合でも、投資した金額以上の負担が支援者に発生することはありません。

ⅲ）　課税される時期

　　匿名組合の事業から生じた利益の額（または損失の額）は、まだ実際に分配金が振り込まれていない場合であっても、契約によって分配を受けること（または損失を負担すること）が確定している部分については、そのファンドの各計算期間の末日が属する年の所得に含めて計算します。

☞ **POINT**
- 融資型で分配金を受け取る場合や、事業投資型で受け取る分配金の累計額が出資額を超過した場合には、雑所得として課税されます。
- 匿名組合の事業から生じた利益の額（または損失の額）は、まだ実際に分配金が振り込まれていない場合であっても、契約によって分配を受けること（または損失を負担すること）が確定している部分については、そのファンドの各計算期間の末日が属する年の所得に含めて計算します。

(5)　投資型クラウドファンディングのまとめ

①　株式投資型クラウドファンディングの場合

i)　実施者が法人の場合

	会計および税務上の処理	留意点
資金を受け取った時	「資本金」または「資本準備金」として資本の部に計上する	要件を満たせばエンジェル税制の適用あり
剰余金を支払った時	実際に支払うまでの間、純資産の部「利益剰余金」から、負債の部「未払配当金」へ振り替えておく	源泉徴収が必要

ii)　支援者が法人の場合

	会計および税務上の処理	留意点
支援金を支払った時	「投資有価証券」として貸借対照表の資産の部に計上する	―
剰余金を受け取った時	「受取配当金」として営業外収入に計上する	受取配当金の益金不算入の適用あり

iii)　支援者が個人の場合

	会計および税務上の処理	留意点
支援金を支払った時	確定申告不要	エンジェル税制が適用されれば、所得税の減額あり
剰余金を受け取った時	配当所得として確定申告が必要	・少額の場合は確定申告不要 ・配当控除の適用あり
株式を売却した時	一般株式等に係る譲渡所得等の金額に区分し、申告分離課税により申告する	・他の所得と損益通算できない ・エンジェル税制が適用される場合は、「損益通算」と「3年間の損失繰越」が可能

②　ファンド（融資）型クラウドファンディングの場合

ⅰ）実施者が法人の場合

	会計および税務上の処理	留意点
支援金を受け取った時	「短期借入金」または「長期借入金」として負債の部に計上する	―
利息を支払った時	損益計算書の営業外費用に「支払利息」として計上する	―

ⅱ）支援者が個人の場合

	会計および税務上の処理	留意点
支援金を支払った時	確定申告不要	―
剰余金を受け取った時	雑所得として確定申告する	確定した年の所得になる
損失が確定した時	他の雑所得とのみ損益通算できる	確定した年の損失になる

③　ファンド（事業投資）型クラウドファンディングの場合

ⅰ）実施者が法人の場合

	会計および税務上の処理	留意点
支援金を受け取った時	「匿名組合（出資）預り金」として負債の部に計上する	―
利益（損失）の額が確定した時	損益計算書の特別損益の欄に「匿名組合利益分配額（匿名組合損失分配額）」として計上する	利益が出た場合、利益に対する源泉徴収が必要

ii）支援者が個人の場合

	会計および税務上の処理	留意点
支援金を支払った時	確定申告不要	―
分配金を受け取った時	雑所得として確定申告する	確定した年の所得になる
損失が確定した時	他の雑所得とのみ損益通算できる	確定した年の損失になる

3　寄付型クラウドファンディングの場合

(1)　クラウドファンディング実施者の処理

①　寄付型クラウドファンディングの基本的な考え方

　寄付型クラウドファンディングの支援者は、実施者の社会貢献活動に対して資金を提供し、その見返りは求めません。リターンとして支援者が受け取るのは、お礼の手紙だったり、活動状況を記録した写真や動画のみだったりという場合がほとんどです。

　そのため、寄付型クラウドファンディングには「寄付」に関わる税制が適用されることになります。クラウドファンディング支援者が法人の場合には寄付金課税が適用されますし、個人の場合は寄付金控除を受けられる可能性もあります。

　寄付とはいっても、受け取る側のクラウドファンディング実施者には、所得税や法人税が課税されることになります。ただし、購入型クラウドファンディングとは異なり、支援金には対価性がないので、消費税の課税対象にはなりません。

　適用される税法は、実施者や支援者が個人か法人かで異なるので、細かくみていく必要があります。

②　クラウドファンディング実施者が法人の場合

ⅰ)　クラウドファンディング実施者が普通法人の場合

> 受贈益に計上し、法人税の課税対象になります。

　ア)　法人が益金として認識すべき金額とは

　法人税を計算するにあたって、法人が益金として認識すべき金額は、別段の定めがあるものを除き、次の4つです（法法22②）。

　a)　資産の販売にかかる収益の額

b) 有償または無償による資産の譲渡または役務の提供にかかる収益の額

c) 無償による資産の譲受けにかかる収益の額

d) その他の取引で資本等取引以外のものにかかる収益の額

　「資産の販売にかかる収益」とは、商品や製品の販売など、通常の販売活動から生まれる収益のことをいいます。また「有償または無償による資産の譲渡または役務の提供にかかる収益」のうち、有償または無償による役務の提供とは、例えばコンサルティングや不動産の貸付け、ソフトウェアの使用料など、形のないサービスの提供を指しており、この a) や b) が購入型クラウドファンディングの課税の根拠となっているものです。

　「その他の取引で資本等取引以外のものにかかる収益の額」とは、a) から c) 以外の取引で、かつ、資本金の払込みなど、純資産の部にかかる取引以外のものをいいます。

　寄付型クラウドファンディングで普通法人が受け取る支援金は、d) のその他の取引で資本等取引以外のものにかかる収益として、法人税の計算上、益金として認識することになります。

イ) 消費税は課税されるか

　寄付型クラウドファンディングでは、支援金に対する対価としてのリターンは必要ありません。リターンを送る場合でも、お礼の手紙や活動報告のみというのが一般的で、市場価値のある品物やサービスは提供されないため、リターンに対価性が認められる購入型とは異なり、支援金に消費税は課税されません（消費税の課税取引については、143 ページの「④　**消費税が課税される場合・されない場合**」を参照してください）。

ウ) プロジェクトが中止となった場合

　All or Nothing 方式で目標金額を達成した場合や、All in 方式で

支援金を受け取った場合、クラウドファンディング実施者には、約束したプロジェクトを遂行する義務が生じます。とはいえ、思いがけない社会状況の変化などにより、途中でプロジェクトが頓挫することもあります。その場合は、受け取った支援金はクラウドファンディング支援者に返金しなければなりません。プロジェクトの中止にともない返金する場合は、返金額を雑損失または特別損失に計上します。

本来なら、プロジェクトが遂行できなくなった時点で支援金は支援者に返金されるべきものですが、現実的にはお金は使い切って、返金できないというケースも考えられます。支援者が返金しないことを了解してくれた場合は、会計処理は不要です。

エ）　支援金を受け取ったときの仕訳例

普通法人が支援金を受け取ったときの仕訳は、下記のとおりです。

a）　寄付型クラウドファンディングの支援金として、100万円が集まり、手数料20万円が差し引かれて入金された

（借方）普通預金　　　80万円　　（貸方）受贈益　　　　100万円
　　　　手数料　　　　20万円

b）　プロジェクトの継続を断念して、支援金100万円を返金した

（借方）特別損失　　　100万円　　（貸方）普通預金　　　100万円

ii）　クラウドファンディング実施者が法人税法上の非営利型法人の場合

34の収益事業に該当する場合を除き、法人税は課税されません。

ア）　支援金を受け取ったときの会計区分

民間の非営利組織が寄付金を受け取った場合は、収益（正味財産の増加または経常収益）として計上します。資金の使途に定めがなければ、「法人会計」として経理するのが一般的ですが、資金の使

途に定めがある場合には、その使途の定めに応じた会計区分・事業区分に計上します。資金の使途に制約があることを、会計上、区分して表示することで、寄付金を受け取った法人の受託責任を明確にするのが目的です。

寄付型クラウドファンディングでは、「こういうプロジェクトをやりたいので、そのための寄付をお願いします。いただいた資金は○○に使います」と事業者のプラットフォーム上で公表し、その使い途に共感してくれるたくさんの支援者から資金を募ります。したがって、クラウドファンディングで集めた支援金は、寄付者（支援者）の意思によって寄付金の使途に定めがある場合に該当することになります。

また、実施者がNPO法人の場合は、寄付者等の意思によりその使途について制約が課されている寄付金は、その事業年度の収益として計上するとともに、使途ごとに受入金額、減少額および事業年度末の残高を注記することとされています（NPO法人会計基準27、同注解5、内閣府「公益法人information」よくある質問（FAQ）問6-2-1〜6-2-5）。

イ) 支援金を受け取ったときの正味財産の区分

民間の非営利組織が寄付金を受け取った場合は、資金の使途に定めがなければ、貸借対照表の一般正味財産の部に計上します。

寄付型クラウドファンディングで受け取った支援金は、寄付者等の意思により資金の使途に制約がある場合に該当するため、受け入れた金額を貸借対照表の指定正味財産の部に区分して計上します。また当期中に受け入れた寄付金の額は、正味財産増減計算書における指定正味財産増減の部に記載することになります（公益法人会計基準注解6）。

ただし、寄付金の額や、使途に制約が課される期間、寄付者から

の制約に重要性が乏しい場合などは、直接一般正味財産の部に計上することも可能です（公益法人会計基準注解　注1(3)）。

　実施者がNPO法人の場合は、使途に制約がある寄付金等について注記で情報を開示するのが原則のため、重要性が高い場合に限って指定正味財産と一般正味財産に区分すればよいこととされています（NPO法人会計基準27　注解6）。

ウ)　支援金を受け取ったときの法人税の課税

　NPO法人や非営利徹底型一般社団法人など法人税法上の非営利型法人や公益社団法人、公益財団法人が、寄付型クラウドファンディングで受け取った支援金は、原則として法人税の課税対象にはなりません。ただし、プロジェクトの内容が法人税法で規定する34の収益事業にあたる場合は、普通法人と同じように課税されます（公益法人が行う公益目的事業は非課税）。

　公益法人認定法に基づく公益認定を受けていない一般社団法人や一般財団法人が、法人税法上の公益法人として取り扱われるためには、131ページの【表2】の要件を満たす必要があります。また、特定非営利活動法人（NPO法人）も法人税法上の公益法人として取り扱われ、収益事業から生じた所得のみに課税されます。

　社団法人および財団法人に対する課税所得の範囲および「公益法人等の収益事業」として課税される34の事業の種類は、132ページを参照ください。

エ)　支援金を受け取ったときの消費税の課税

　消費税が課税される取引とは、次の4つの要件をすべて満たす場合に限ります（143ページ参照）。

a)　国内において行うもの（国内取引）であること

b)　事業者が事業として行うものであること

c)　対価を得て行うものであること

d) 資産の譲渡・資産の貸付け・役務の提供であること※

※ 外国貨物の引き取り（輸入取引）を含む

　寄付金、祝い金、見舞金、国または地方公共団体からの補助金や助成金などは、対価として支払われる性質のものではないため、消費税の課税対象とはなりません。

　見返りを期待せずに支援金を払う寄付型クラウドファンディングは、クラウドファンディング支援者がクラウドファンディング実施者に金銭を贈る寄付に該当します。実施者が支援金という名目で受け取る寄付金は、上記 c)の対価を得て行われる取引には該当しないため、消費税の不課税取引として処理することになります（消法2、4）。

iii) クラウドファンディング実施者が人格のない社団等の場合

ア) 人格のない社団等とは

　法人でない社団または財団で、代表者または管理人の定めがあるものを、「人格のない社団等」といいます（法法2八）。例えば、マンションの管理組合やPTA、町内会、同窓会、同業者団体、仲間同士の勉強会などがこれに該当します。人格のない社団等は法人とみなされ、34の収益事業を行う場合には法人税が課税されることになります（法法3）。

　「法人でない社団」とは、

a) 多数の者が共同の目的を達成するために集まった団体で、

b) 法人格を持たず、

c) 単なる個人の集合体ではなく団体としての組織を有し、

d) 統一された意思のもとに、

e) その構成員の個性を超えて活動を行うもの、をいいます。

　ただし、民法上の組合契約や商法上の匿名契約は除かれます（法

基通1-1-1）。

「法人でない財団」とは、

a)　共同の目的を達成するために出えんされた財産の集合体で、

b)　法人格を持たず、

c)　特定の個人または法人の所有に属さず、

d)　組織としての統一された意思のもとに、

e)　その出えん者の意思を実現すべく独立して活動を行うもの、をいいます（法基通1-1-2）。

「代表者または管理人の定めがある」には、社団等の定款や寄付行為、規約などで代表者または管理人が定められている場合だけでなく、その団体の業務にかかる契約を締結したり団体の財産を管理したりなど、事実上の主宰者が存在する場合も含まれます。したがって、法人でない社団または財団が収益事業を行う場合には、通常代表者または管理人の定めがあるものに該当します（法基通1-1-3）。

イ)　贈与税の課税

一方、人格のない社団または財団で、代表者または管理人の定めのあるものが、贈与によって財産を取得した場合には、その団体は個人とみなされ贈与税または相続税が課税されます（相法66①）。

したがって、クラウドファンディング実施者が人格のない社団等に該当する場合の支援金は、贈与税の課税対象となります。ただしその団体に法人税が課税される場合には、その課されるべき法人税等相当額を控除して贈与税の金額を計算することができます（相法66⑤）。

ウ)　贈与税の基礎控除

贈与税には110万円の基礎控除があるため（209ページ参照）、寄付金として受け取った金額が110万円以下の場合には、贈与税は課税されません。この110万円の基礎控除額は、贈与を受けた人の

1月1日から12月31日までの1年間にもらった財産の合計額に対して適用されるものです。

　ただし、人格のない社団等が贈与税額の計算をする際には、その贈与をした人1人のみから財産を取得したものとみなして、贈与をした人ごとに贈与税を計算し、その合計額を納付すべき贈与税額とすることができます。

　したがって、寄付型クラウドファンディングによる人格のない社団等への支援金は、支援者の一人ひとりについて110万円の基礎控除が適用され、その超えた部分についてのみ贈与税が課税されることになります。

エ)　贈与税が非課税になる場合

　ところで、相続税法には公益事業用財産には贈与税は課税しないという規定があります（相法21の3①三）。

　したがって、社会福祉事業や育英事業、慈善事業、学術・研究に関する事業、認定こども園その他公益を目的とする事業を行うクラウドファンディング実施者で下記の条件を満たす人格のない社団等が、受け取った支援金を公益を目的とする事業の用に供することが確実な場合には、贈与税はかからないことになります（相令4の5により準用する相令2）。

a)　公益の増進に寄与するところが著しいと認められる事業を行っていること

b)　地域または分野において社会的存在として認識される程度の規模を有しており、かつ事業遂行に必要な財産を有していること

c)　適正な公益の分配を行っており、かつ無料または著しく低い対価しか受け取っていないこと

d)　高度の公益事業のみをその目的事業として行っていること

e)　特定の者またはその特別関係者によって事業が運営されていな

　　いこと

　f)　役員やその特別関係者に対し、施設の利用、給与の支給など財
　　　産の運用や事業の運営に関して特別の利益を与えていないこと
（法令解釈通達：贈与税の非課税財産（公益を目的とする事業の用
に供する財産に関する部分）及び公益法人に対して財産の贈与等が
あった場合の取扱いについて（昭和39年直審（資）24ほか）2～4）

> ☞ **POINT**
> ◉寄付型クラウドファンディングで普通法人が受け取った支援金
> 　は、受贈益として法人税の課税対象になります。
> ◉法人税法上の非営利型法人が受け取った支援金は、34の収益事
> 　業に該当するものを除き、法人税は課税されません。
> ◉寄付型クラウドファンディングにおける支援金は、リターンの対
> 　価として支払われる性質のものではないので、消費税の課税対象
> 　にはなりません。

③ クラウドファンディング実施者が個人の場合

i) クラウドファンディング支援者が法人の場合

> 一時所得として課税されます。

ア) 基本的な考え方

　クラウドファンディング実施者が個人の場合は、クラウドファンディング支援者が法人か個人かによって、税務上の考え方が変わってきます。最初に、支援者が法人の場合からみていきましょう。

　クラウドファンディング実施者が個人で、クラウドファンディング支援者が法人の場合、受け取った支援金は、一時所得として所得税および住民税が課税されます。

　一時所得とは、下記の条件を満たす一時的な所得のことをいいます（所法34①）。

a) 営利を目的とする継続的な行為から生じたものではない

b) 労務の対価としての性質を有しない

c) 役務の対価としての性質を有しない

d) 資産の譲渡による対価としての性質を有しない

　具体的には、懸賞金や福引きの賞金品、競馬・競輪の払戻金、生命保険の一時金、損害保険の満期返戻金、法人から贈与された金品などが該当します（所基通34-1）。ただし、業務に関して受け取るものや、営利を目的とする継続的行為から生じるものは、一時所得ではなく事業所得や雑所得として所得税および住民税が課税されることになります。

　寄付型クラウドファンディングでは対価としてのリターンを提供しないので、実施者である個人が支援者である法人から受け取った支援金は、上記 a)から d)のすべてに当てはまります。

イ）　一時所得の計算

一時所得の金額は、次のように計算します。

> 総収入金額　－　収入を得るために支出した金額　－　特別控除
> 額（最高50万円）　＝　一時所得の金額

総収入金額とは、受け取った寄付金の総額です。クラウドファンディング事業者からは手数料を差し引いた残りの金額が入金されますが、その振り込まれた金額ではなく、支援者から獲得した支援金の総額が総収入金額となります。

収入を得るために支出した金額とは、その収入が生じた行為を行うため、またはその収入が生じた原因の発生にともなって、直接支出した金額のことをいいます。一時所得の計算にあたって必要経費に算入できる費用の範囲は、事業所得や雑所得よりも限定的だと考えられています。したがって、ここで控除できる金額は、クラウドファンディング事業者に支払う手数料のように個別対応関係が明確なものに限られます。インターネットのプロバイダー料金や、キュレーターとの打ち合わせに使った携帯電話料金などは、収入との明確な対応関係が認められない限り、これらの支出を控除して計算することはできません（参考：加茂川悠介「一時所得における『その収入を得るために支出した金額』の検討」立命館法政論集第9号（2011年））。

一時所得の課税所得金額は、収入金額から必要経費を差し引いた後、さらに50万円の特別控除額を差し引いて計算することができます。税額の計算にあたっては、上記で計算した所得金額の2分の1に相当する金額を給与所得など他の所得の金額と合算して、総所得金額を計算します（所法22②二）。

ⅱ）クラウドファンディング支援者が個人の場合

> 贈与税が課税されます。

⑦　基本的な考え方

　クラウドファンディング実施者が個人で、クラウドファンディング支援者も個人の場合、受け取った支援金には、贈与税が課税されます

　贈与税は、個人が個人から金銭や不動産などの財産をもらったときに、取得した財産にかかる税金です。法人から財産をもらったときは、贈与税はかかりませんが、一時所得として所得税がかかります（207 ページ参照）。

⑦　贈与税の計算方法

　贈与税は、1 月 1 日から 12 月 31 日までの 1 年の間に、1 人の人がもらった財産の合計額から、基礎控除額の 110 万円を引いた残りの金額に対して課税されるものです。したがって、1 人のクラウドファンディング実施者が 1 年の間に行ったクラウドファンディングで、個人の支援者から獲得した支援金の合計額が 110 万円以下なら、贈与税の申告も納税も不要ということになります。

　贈与税の基礎控除額は、財産をもらった人ごとに年間 110 万円で計算します。したがって、クラウドファンディングで取得した支援金が 110 万円以下であっても、その実施者が、その年中に他の人から贈与により財産をもらっている場合は、注意が必要です。その場合は、クラウドファンディング実施者がその年の 1 月 1 日から 12 月 31 日までの 1 年間に、贈与でもらった財産の金額をすべて合計して、110 万円を超えているかどうかの判定をする必要があります。

　贈与税の計算は、まず 1 年間に贈与によりもらった財産の価額を合計します。その合計額から基礎控除額 110 万円を差し引きます。

次に、その残りの金額に税率をかけて税額を計算します。

【贈与税の速算表】（抜粋）

基礎控除後の課税価格	200万円以下	300万円以下	400万円以下	600万円以下	1,000万円以下
税　率	10%	15%	20%	30%	40%
控除額	－	10万円	25万円	65万円	125万円

ウ）　贈与税が非課税になる場合

　ところで、公益事業用財産には贈与税は課税されません（相法21の3①三）。

　したがって、社会福祉事業や育英事業、慈善事業、学術・研究に関する事業、認定こども園その他公益を目的とする事業を行うクラウドファンディング実施者で一定の条件を満たす人が、支援金を公益目的の事業に供することが確実な場合には、贈与税はかからないことになります（相令4の5により準用する相令2）。

　一定の条件については、205ページの「クラウドファンディング実施者が人格のない社団等の場合」のエ)を参照してください。ただし、実施者本人やその特別関係者に対して、施設の利用など財産の運用や事業の運営に関して特別の利益を与えていないなどの条件に当てはまることが必要です。

> ☞ **POINT**
> ●支援者が法人の場合は、一時所得として所得税（住民税）が課税
> 　されます。
> ●支援者が個人の場合は、贈与税が課税されます。
> ●贈与によりもらった財産の価額の合計額が110万円以下の場合、
> 　贈与税はかかりません。

(2) クラウドファンディング支援者の処理

① クラウドファンディング支援者が法人の場合

> 寄付金課税が適用され、損金算入に制限があります。

i) 寄付金の基本的な考え方

　法人がクラウドファンディング支援者の場合は、クラウドファンディング実施者の属性や支援金の種類によって、損金に計上できる金額が違ってきます。

　ア) 法人税法における寄付金

　　寄付金とは、寄付金、拠出金、見舞金など名義の如何を問わず、見返りや対価を求めないで金銭やその他の資産を贈与したものをいいます。また経済的な利益の贈与や、無償で供与を行った場合も、寄付金に該当します。法人税における寄付金の範囲は広く、事業に直接関係のない者に対する贈与も原則として寄付金になります（法法37⑦）。

　　寄付型クラウドファンディングで法人が支払った支援金は、原則、寄付金として処理することになります。

　イ) 寄付金の額

　　金銭による贈与の場合には、贈与した金銭の額が寄付金の額にな

りますが、金銭以外の資産の贈与や経済的な利益の贈与、無償供与の場合は、その贈与や供与の時における時価で計算します（法法37⑦）。また、時価より低い価額で資産の譲渡を行ったような場合で、その差額が実質的に贈与と認められるときは、その差額が寄付金の額になります。

ウ）　寄付を認識するタイミング

寄付金は、実際に支払った期の損金に計上することとなっています（法令78）。したがって、寄付金を未払計上しても、計上した事業年度では損金の額に算入されません。また実際に支払った事業年度に費用計上せず、仮払金などで経理処理した場合は、支出した事業年度の損金の額に算入することになります（法基通9-4-2の3）。

ただし、寄付金は他の費用とは異なり、贈与した寄付金の全額を無条件に損金算入できるわけではありません。法人が支出した寄付金のうち、国や地方公共団体への寄付金と指定寄付金は全額が損金になりますが、それ以外の寄付金は、その法人の資本金等の額や所得の金額に応じて、限度額が決められています。

ii）　クラウドファンディング実施者が国や地方公共団体の場合

実施者が国や地方公共団体の場合、支払った支援金の全額が損金に算入されます（法法37③一）。

iii）　支援金が指定寄付金に該当する場合

支払った支援金が、公益法人等に対する寄付金で一定の要件を満たすものとして財務大臣が指定したものに該当する場合は、その全額を損金の額に算入することができます（法法37③二）。

iv) クラウドファンディング実施者が特定公益増進法人に該当する場合

　実施者が特定公益増進法人に該当する場合は、下記の算式で計算した金額（特別損金算入限度額）を、一般の損金算入限度額とは別枠で損金に算入することができます（法法37⑥）。

　特定公益増進法人とは、公共法人や公益法人、公益社団法人、公益財団法人、社会福祉法人など他の特別の法律により設立された法人のうち、教育または科学の振興、文化の向上、社会福祉への貢献など公益の増進に著しく寄与する法人のことをいいます。

a)　支援者が普通法人・協同組合等・人格のない社団等（b)を除く）の場合

$$\{(会計上の資本金 + 資本準備金の額)^※ \times 当期の月数 / 12 \times 3.75 / 1000 + 所得金額 \times 6.25 / 100\} \times 1 / 2 = 特別損金算入限度額$$

　※　2022年4月1日以後に開始する事業年度から。2022年3月31日までは「期末の資本金等の額」。

b)　支援者が、普通法人・協同組合等・人格のない社団等のうち資本または出資を有しない場合、一般財団法人・一般社団法人（非営利型法人に限る）・NPO法人（認定NPO法人を除く）などみなし公益法人等の場合

$$所得金額 \times 6.25 / 100 = 特別損金算入限度額$$

　特定公益増進法人に対する寄付金（公益法人等が支出したものを除きます）のうち損金に算入されなかった金額に相当する部分は、vi)の一般の寄付金にかかる損金算入限度額の範囲内で損金の額に算入することができます。

v)　クラウドファンディング実施者が認定 NPO 法人等の場合

　　実施者が認定 NPO 法人や特例認定 NPO 法人などの場合、特別損金算入限度額の計算方法は、上記の iv)と同じです（iii)の指定寄付金に該当する場合を除きます）。ただし、支援者がその事業年度中に、すでに特定公益増進法人に対する寄付を行っている場合は、合算して限度額の計算を行います。

　　認定 NPO 法人等とは、NPO 法人のうち、運営組織や事業活動が適正であり、公益の増進に資すると見込まれるものについて、都道府県知事や政令指定都市の長など所轄庁から一定の基準に適合している旨の認定を受けた法人のことをいいます。特例認定 NPO 法人とは、設立後 5 年以内の NPO 法人で、パブリック・サポート・テスト要件が免除されて所轄庁に特例認定された法人のことです。

　　認定 NPO 法人等に対する寄付金（公益法人等が支出したものを除きます）のうち、特別損金算入限度額を超える部分の金額は、vi)の一般の寄付金にかかる損金算入限度額の範囲内で損金の額に算入できます。

【別枠で損金算入限度額が計算できる法人のまとめ】

	公益社団・財団法人	一般社団・財団法人（非営利型法人）	一般社団・財団法人（非営利型以外）	認定・特例認定 NPO 法人	NPO 法人
法人の損金算入にかる別枠措置	○	×	×	○	×

（内閣府ホームページより抜粋・一部加工）

214

vi)　クラウドファンディング実施者が普通法人、協同組合、人格のない
　社団等、個人の場合（一般の寄付金にかかる損金算入限度額）

　　上記のⅱ)からⅴ)のいずれにも該当しない場合は、下記の算式で計算
　した金額が、損金算入限度額になります（法令 73 ①）。

　a)　支援者が、普通法人・協同組合等・人格のない社団等（(b)を除く）
　　の場合

> ｛(会計上の資本金＋資本準備金の額)[※1]　×　　当期の月数／12
> ×　　2.5／1,000　＋　　所得金額[※2]　×　2.5／100｝　×　　1／4
> ＝　損金算入限度額

　※1　2022 年 4 月 1 日以後に開始する事業年度から。2022 年 3 月 31 日ま
　　　　では「期末の資本金等の額」。

　※2　支出した寄付金の額は除いて計算する

　b)　支援者が、普通法人・協同組合等・人格のない社団等のうち資本
　　または出資を有しないもの、一般財団法人・一般社団法人（非営利
　　型法人に限る）・NPO 法人（認定 NPO 法人を除く）などみなし公
　　益法人等の場合

> 所得金額　×　　1.25／100　＝　損金算入限度額

vii)　支援金が企業版ふるさと納税に該当する場合

　　企業版ふるさと納税（地方創生応援税制）とは、青色申告法人が「特
　定寄付金」を支出した場合に、法人住民税および法人事業税の税額控
　除を受けることで、寄付金額の最大約 9 割の税金が軽減される可能性
　があるものです。特定寄付金とは、地域再生法における認定地方公共
　団体が行う「まち・ひと・しごと創生寄附活用事業」に関連する寄付
　金のことをいいます。

　企業版ふるさと納税の仕組みは次のとおりです（措法42の12の2、68の15の3①）。

①　支払った支援金は、地方公共団体に対する寄付金（212ページのⅱ)参照）に該当するので、全額が損金に算入されます（法法37③一）。法人税等の実効税率を約3割と考えると、まず寄付額の30%程度の税額が軽減されることになります。

　さらに、

②　寄付額の40%を法人住民税から税額控除（法人住民税法人税割額の20%が上限）します。

③　②で控除できなかった残額については、法人税から税額控除します（寄付額の10%かつ法人税額の5%が上限）。

　次に、

④　寄付額の20%を、法人事業税から税額控除します（法人事業税額の20%が上限）。

　結果的に、所得控除で30%、税額控除で60%、最大で9割の税金が軽減される可能性があるというわけです。

　ただし、1回あたり10万円以上の寄付であること、経済的な見返りを求めないこと、法人の本社が所在する地方公共団体への寄付は対象外であることなど、適用にあたっての制限もあるので、注意が必要です。

【企業版ふるさと納税の仕組み】

①地方公共団体への寄付なので、全額が損金算入	②法人住民税から税額控除（③控除できなかった残額は法人税から控除）	④法人事業税から税額控除	法人の負担
実効税率3割として実質30%	税額控除により寄付額の40%	税額控除により寄付額の20%	実質10%の負担

viii) クラウドファンディング実施者が役員の場合

　法人の役員が実施者となって寄付型クラウドファンディングで資金を集める場合、その法人が支出した支援金は、寄付金ではなく役員賞与として処理することになります。

　購入型クラウドファンディングの場合、受け取ったリターンの品物が法人の事業の遂行に直接関係があると認められれば、消耗品や福利厚生費などの費用になります。しかし、見返りを求めない寄付型クラウドファンディングの場合は、実質的にその役員に対して給与を支給したのと同じ経済的効果をもたらすことになり、役員に対する給与として源泉徴収の対象となります。

　ところで法人が役員に対して支給する給与のうち、a)定期同額給与、b)事前確定届出給与、c)業績連動給与のいずれにも該当しないものは、損金の額に算入されません（法法34①）。したがって、法人が支払ったクラウドファンディングの支援金は、法人税の計算上、損金計上できないこととなります。

　a)　定期同額給与とは

　　　1か月以下の一定の期間ごとに支給される給与で、その事業年度の各支給時期における支給額、または支給額から源泉税等の額を控除した金額が同額であるもの

　b)　事前確定届出給与とは

　　　その役員の職務につき、所定の時期に、事前確定届出給与に関する定めに基づいて支給される給与で、定期同額給与および業績連動給与のいずれにも該当しないもの

　c)　業績連動給与とは

　　　同族会社に該当しない内国法人が、利益に関する指標を基礎に算定する給与で、その算定方法が有価証券報告書などに記載されていること、その事業年度の利益の状況を示す指標など客観的な

　　ものであること、その他一定の要件を満たすもの

☞ **POINT**

◉法人が寄付型クラウドファンディングで支出した支援金は、原則
　として寄付金になります。

◉法人が支出した寄付金のうち、国や地方公共団体への寄付金と指
　定寄付金は全額が損金になり、それ以外の寄付金は、その法人の
　資本金等の額や所得の金額に応じて、限度額が決められていま
　す。

◉法人の役員が実施者の場合は、実質的にその役員に対して給与を
　支給したのと同じ経済的効果をもたらすことになり、役員に対す
　る給与になります。

② クラウドファンディング支援者が個人の場合

> 寄付金控除が受けられる場合があります。

i） 寄付金控除の基本的な考え方

　個人がクラウドファンディング支援者の場合は、課税は発生せず、クラウドファンディング実施者の属性によっては、税金の還付を受けられる可能性があります。

　支援者が個人の場合は、実施者に寄付をしているだけなので、所得税や住民税が課税されることはありません。個人事業者として事業所得の申告をしている人の場合でも、寄付金は事業所得の費用として必要経費に算入できないので、支援金について確定申告は不要です。

　ただし、実施者が国や地方公共団体、公益法人など特定の法人である場合には、確定申告を行うことで、所得税の還付を受けることができます。

　寄付金控除の方法には、a)所得控除による方法と b)所得控除と税額控除のいずれか有利な方を選ぶ方法の2種類があります。

　a）　所得控除による方法

　　　個人が支出した支援金が特定寄付金（221ページのⅲ)参照）に該当する場合は、寄付した金額のうち一定の金額を所得金額から差し引いて、税額を計算することができます。

　b）　所得控除と税額控除のいずれかを選択

　　　実施者が認定NPO法人等（214ページ参照）や公益社団法人・公益財団法人等に該当する場合は、寄付金控除（所得控除）の適用を受けるか、寄付金特別控除（税額控除）の適用を受けるか、どちらか有利な方を選ぶことができます（措法41の18の3）。

【税額控除が受けられる法人のまとめ】

	公益社団・財団法人	一般社団・財団法人（非営利型法人）	一般社団・財団法人（非営利型以外）	認定・特例認定NPO法人	NPO法人
所得控除	○	×	×	○	×
税額控除	○※	×	×	○	×

※　法人がパブリック・サポート・テスト要件を満たしていることが必要

（内閣府ホームページより抜粋・一部加工）

ii）　寄付金控除の計算方法

それぞれ、次の算式で計算します。

a）　所得控除の場合

次の算式で寄付金控除額を計算します。ただし、特定寄付金の額は総所得金額の40％が上限になります（所法78①）。

> その年中に支出した特定寄付金の額の合計額　−　2,000円
> ＝　寄付金控除額

b）　税額控除の場合

所得控除に代えて税額控除を選択する場合の寄付金特別控除額は、下記の算式で計算します（措法41の18の3）。

> （その年中に支出した認定NPO法人等や公益社団・財団法人等に対する寄付金の額の合計額[※1] − 2,000円[※2]）× 40％　＝寄付金特別控除額[※3]

※1　その年の総所得金額の40％相当額が上限

※2　a）の寄付金控除（所得控除）と合わせたもの

※3　その年の所得税額の25％相当額が上限

ⅲ）　特定寄付金の種類

　　寄付金控除の対象となる特定寄付金には、以下のようなものがあります。

寄付金の種類	内容
国または地方公共団体に対する寄付金	ただし学校の入学に関して寄付するものは除く（以下、指定寄付金・特定公益増進法人に対する寄付金においても同様）
指定寄付金	公益社団法人、公益財団法人その他公益を目的とする事業を行う法人または団体に対する寄付金で、広く一般に募集され、かつ公益性および緊急性が高いものとして、財務大臣が指定したもの
特定公益増進法人に対する寄付金	公共法人等のうち、教育または科学の振興、文化の向上、社会福祉への貢献その他公益の増進に著しく寄与するものと認められた特定公益増進法人に対する寄付金で、その法人の主たる目的である業務に関連するもの
認定 NPO 法人等に対する寄付金	特定非営利活動法人のうち一定の要件を満たすものとして認められたものなど（認定 NPO 法人等）に対する寄付金で、特定非営利活動に係る事業に関連するもの

ⅳ）　ふるさと納税型クラウドファンディングの場合

　㋐　ふるさと納税型クラウドファンディングの基本的な考え方

　　ふるさと納税型クラウドファンディングとは、ふるさと納税制度を活用して行うクラウドファンディングのことをいいます。ふるさと納税制度とは、応援したい地方自治体に寄付をすることで所得税の還付や自分が住んでいる自治体に納める住民税の控除を受けることができるもので、寄付をした自治体から返礼品が届くのがメリットです。

　　地方自治体は、クラウドファンディング事業者のサイト上に、自治体が抱える課題解決のための具体的なプロジェクトを立ち上げることで、より多くの支援者の共感を集めることができます。

　一方で支援者は、自治体に寄付をすることで社会貢献活動に参加したという満足感を得られると同時に、ふるさと納税制度を利用して税金を減額できるというわけです。

イ)　ふるさと納税による控除額の計算方法

　ふるさと納税とは、応援したい地方自治体に対して寄付を行った場合に、支払った寄付額から 2,000 円を差し引いた金額が、所得税および住民税を合わせて、税額控除される制度です。

　ふるさと納税で控除される税額は、次の算式で計算されます（所法 78、165、地法 37 の 2、314 の 7、地法附則 7、7 の 2、7 の 3）。

> ふるさと納税の控除額　＝　a) 所得税分の控除額　＋　b)（住民税基本分の控除額　＋　住民税特例分の控除額）

a)　所得税分の控除額

> 所得税からの控除 ＝（支援金の額※ − 2,000 円）×所得税の税率

　※　総所得金額等の 40％が上限

b)　住民税の控除額

　住民税からの控除には「基本分」と「特例分」があり、それぞれ以下の算式で計算します。

> 住民税からの控除（基本分）＝（支援金の額※1 − 2,000 円）× 10％

　※ 1　総所得金額等の 30％が上限

> 住民税からの控除（特例分）＝（支援金の額 − 2,000 円）×（100％ − 10％（基本分）− 所得税の税率※2）

　※ 2　住民税独自の調整計算を行うため、a) の税率とは異なる場合があります。

ただし、住民税からの控除（特例分）が、住民税所得割額の2割を超える場合は、次の算式で計算されます。

> 住民税からの控除（特例分）＝（住民税所得割額）× 20％

この場合、支払った支援金から2,000円を差し引いた金額より、ふるさと納税の控除額の方が小さくなるので、実質負担額は2,000円を超えることになります。

☞ **POINT**
- ●寄付型クラウドファンディングの支援金は寄付と同じなので、個人である支援者に税金は課税されません。
- ●実施者が国や地方公共団体、公益法人など特定の法人である場合には、確定申告を行うことで、所得税の還付を受けることができます。
- ●寄付金控除の方法は、所得控除による方法と、所得控除と税額控除のいずれか有利な方を選ぶ方法の2種類があります。

(3)　寄付型クラウドファンディングのまとめ

【クラウドファンディング実施者の税務】

　実施者の属性（法人か個人か）、および支援者の属性（法人か個人か）によって、実施者の税務上の取扱いが異なります。

実施者の属性	支援者が個人	支援者が法人
普通法人	受贈益として課税される	受贈益として課税される
法人税法上の公益法人等	課税されない※	課税されない※
人格のない社団等	贈与税が課税される	課税されない※
個人	贈与税が課税される	一時所得として課税される

※ 34の収益事業を営む場合を除く。ただし、公益法人が行う公益目的事業は非課税。

【クラウドファンディング支援者の税務】

　支援者の属性（個人か法人か）および実施者や支援金の種類によって、支援者の税務上の取扱いが異なります。

実施者または 支援金の種類	支援者が個人	支援者が法人
国または 地方公共団体	特定寄付金として、一定の金額を所得控除 （公益社団法人等、認定NPO法人等に対する寄付金で一定のものは、税額控除と有利選択可）	寄付金の全額を損金算入
指定寄付金		
特定公益増進法人		一般の寄付金とは別枠で、寄付金の額の合計額と特別損金算入限度額とのいずれか少ない方の金額を損金算入
認定NPO法人等		
ふるさと納税	所得税および住民税を合わせて、最大で支払った寄付額から2,000円を差し引いた税額が減額される可能性がある	所得控除で3割、税額控除で6割、最大で9割の税金が軽減される可能性がある
一般の寄付金 （上記以外）	所得控除されない	寄付金の額の合計額と損金算入限度額とのいずれか少ない方の金額を損金算入

（付録）クラウドファンディングプラットフォーム比較表
（2021 年 10 月時点）

【購入型（1/2）】

プラットフォーム名	All or Nothing または All in	手数料（外税。内税の場合は特記）
READYFOR https://readyfor.jp/	原則として All or Nothing（上場企業、公益法人、認定 NPO 法人などは All in 可）	17%（シンプルプランは 12%）
CAMPFIRE https://camp-fire.jp/	どちらも可	17%
Makuake https://www.makuake.com/	どちらも可	20%（消費税含む）
Kibidango https://kibidango.com/	All or Nothing	10%
GREEN FUNDING https://greenfunding.jp/	All or Nothing	20%（消費税含む）（13%＋初期費用 110 万円の PARTNER プランあり）

入金（送金）スケジュール	特徴
終了日の翌々月10日（早期入金オプション有：終了日の翌週第3営業日）	日本初のクラウドファンディングサイト。寄付型にも強みがあり、社会貢献関連のプロジェクトも多い。 キュレーターのサポートあり（フルサポートプラン）と、よりシンプルなサポートのみ（シンプルプラン）のプランが選択でき、手数料が異なる。
終了日の翌月末日（早期入金オプション有：早期振込申請日の翌週第4営業日）	国内最大級。取り扱うジャンル・規模も幅広い。プロジェクト公開前の審査を必要最低限に絞り、スピーディーに公開可能。
終了日の翌々月第3営業日	幅広いジャンルを取り扱う、「アタラシイものや体験の応援購入サービス」。 新商品・新サービスがデビューする場となっており、同サービスサイト内にECサイト「Makuakeストア」もある。
終了日の翌月末（早期入金オプション有：プロジェクト終了日から10日後）	クラウドファンディング型ECサイト。プロジェクト成功率80%を誇る。 リターンや関連商品をプロジェクト終了後も販売可能。
①1日〜15日に終了するプロジェクト：翌月15日、②16日〜月末に終了するプロジェクト：翌月末日	CCC（TSUTAYA）グループが運営。プロジェクト成功率87.7%。 ガジェット系をはじめ、フード、エンタメなど多ジャンルにわたり、国内企業から海外起案者まで国際的にきめ細かいサポートを行っている。 二子玉川蔦屋家電に専用の実機体験ブースを持ち、支援者はTポイントで支援することも可能などCCCグループ間の連携も強み。

【購入型（2/2）】

プラットフォーム名	All or Nothing または All in	手数料 （外税。内税の場合は特記）
MOTION GALLERY https://motion-gallery.net/	どちらも可	10% （All in で目標金額未達の場合は 20%）
ACT NOW https://actnow.jp/	どちらも可	10% その他、目標金額未達時の支援者に対する返金手数料
WonderFLY https://wonderfly.ana.co.jp/	All or Nothing	20%（消費税含む）
A-port https://a-port.asahi.com/	どちらも可	20%（税込 22%）または 50,000 円（税込 55,000 円）のいずれか高い金額
machi-ya https://camp-fire.jp/machi-ya/	どちらも可	25%
未来ショッピング https://shopping.nikkei.co.jp/	どちらも可	非公開
ENjiNE https://www.en-jine.com/	どちらも可	非公開

入金（送金）スケジュール	特徴
終了日の翌月末日	映画やアートなど「創造的なプロジェクト」を支援。海外最大級のクラウドファンディングサイトIndiegogoとも提携し、日米同時掲載も可能。申込みから掲載開始まで平均1週間程度、最短翌日も可能。
終了日から14日営業日を目途	北海道をはじめとする「地域活性化」と「自己実現」を旗頭とする地域応援型クラウドファンディングサイト。
終了日より40日以内	ANA X株式会社が運営。支援者はANAのマイルを使って支援することもできる。「挑戦する人の翼になる」というコンセプトで、地域活性化に繋がるプロジェクト掲載に力を入れている。
①1日〜15日までに終了するプロジェクト：月末締め5営業日後、②16日〜月末までに終了するプロジェクト：翌月15日締め5営業日後（早期入金オプション有：終了日から5営業日）	朝日新聞社が運営。記者経験者によるストーリー構成、メディア掲載プラン、PR戦略でプロジェクトをトータルプロデュースするサービス体制。
終了日の翌月末日	CAMPFIREが運営。ガジェット関連に特化。プロジェクト期間中、メディアジーンが運営するメディアに掲載され、集客をサポート。
①All or Nothing：募集終了日の翌々月5営業日、②All in：募集期間中の当月分を翌々月5営業日	日本経済新聞社が運営。NIKKEI STYLE、日経電子版ユーザに対するプロジェクト告知が可能。また、「ENjiNE」をはじめとする複数のクラウドファンディングサイトに同時掲載ができる。
①All or Nothing：募集終了日の翌々月5営業日、②All in：募集期間中の当月分を翌々月5営業日	Relicが運営。同社が提供するSaaS型クラウドファンディングプラットフォームを活用した100以上のクラウドファンディングサイトとネットワーク連携し、「未来ショッピング」をはじめとする複数のサイトに同時掲載ができる。

【投資型：株式投資型】

プラットフォーム名	All or Nothing または All in	手数料 （外税。内税の場合は 特記）
FUNDINNO https://fundinno.com/	All or Nothing	20%（税込 22%）相当 額（2度目以降は 15% （税込 16.5%）相当額） 不成立の場合でも、審 査料 10 万円＋実費が 必要
CAMPFIRE Angels https://angels.camp-fire.jp/	All or Nothing	募集総額のうち 3,000 万円までの部分： 20%、 3,000 万円超 6,000 万円 までの部分：15%、 6,000 万円超の部分： 10% 不成立の場合でも、審 査料 10 万円が必要

入金（送金）スケジュール	特徴
募集成立後３週間程度（募集成立後の投資家からの入金状況による）	株式投資型の国内シェア No.1。事前審査通過後、案件開示まで最短３週間。リターンは株式または新株予約権。 募集ページにつき Web クリエイティブのプロが投資家に開示すべき情報をマーケティングの観点から作成するなど手厚いサポート体制。調達後も株主管理、IR 情報発信の支援、次回調達の支援など包括的にサポート。
募集終了後 10 日前後	CAMPFIRE Startups が運営。事業計画書の見直しや適正なバリュエーションの算定を専門家がサポート。

【投資型：ファンド型（1/2）】

プラットフォーム名	All or Nothing または All in	手数料 （外税。内税の場合は 特記）
Sony Bank GATE https://moneykit.net/visitor/sbg/	All or Nothing	非公開
クラウドクレジット https://crowdcredit.jp/	All in （未達でも原則は ファンド成立）	販売手数料：年率最大 ４％（ファンドにより 異なる） （融資手数料：非公開）
Crowd Bank https://crowdbank.jp/	All in	非公開
OwnersBook https://www.ownersbook.jp/	― （貸付型は全案件 満額募集完了）	貸付型：借入人（法人） から融資実行時に２％ （投資家は、銀行利用 手数料以外は不要）
CAMPFIRE Owners https://owners.camp-fire.jp/	どちらも可	借入金利：年率1.0% ～ 10%（実績ベース。 営業者報酬等および投 資家利回り分を含む）
ROCKET FUND https://rocket-fund.jp/	All or Nothing	調達手数料５％ 管理手数料２％／年

入金（送金） スケジュール	特徴
初回相談から約3か月	事業投資型。ソニー銀行が運営。資金調達規模は原則1,000万円〜1億円。 業界最高水準の成功率96%。募集ページの制作から募集PRまでソニー銀行が行う。分配金の対象売上高は企業全体売上高と特定の事業領域売上高のいずれでも可。
募集終了後10日前後	融資型。海外事業者向けの貸付に特化したソーシャルレンディングサービスを運営。個人投資家向けに1万円からファンドを販売。SDGsに特化した投資ファンドも取り扱う。投資家数5万人超、累計ファンド販売額400億円超。
非公開	融資型。累積1,600億円以上の融資実績（2021年11月時点）。原則、担保付融資のみの取扱い。 不動産のほかに、上場株式担保や太陽光発電所担保等にも対応。融資額5,000万円〜最大10億円程度。
貸付型：募集完了後、1週間以内に投資実行	日本初の不動産特化型クラウドファンディングサービス。不動産会社のローン部分への投資（貸付型）のほか、資産保有SPCのエクイティ部分への投資などプロ向け案件を取り扱う。投資家は1口1万円から投資可能。貸付型は案件受付から投資実行まで最短で1か月程度のスピード感、10億円程度の大きな資金相談も可能なこと、マーケット価格に即した評価が特徴。
申込から1〜2か月後	融資型。無担保・無保証でも利用可能（審査あり）。ただし、個人や個人事業主への貸付けは行っていない。情報発信、イベントや優待の提供などを通じて、自社の新規ファンの開拓も可能。
3〜4か月 （営業強化プロジェクト2か月、審査1か月、募集期間1か月以内）	事業投資型。通常の審査前に行う「営業強化プロジェクト」を通じて事業計画の達成可能性を高める事業性評価が強み。

【投資型：ファンド型（2/2）】

プラットフォーム名	All or Nothing または All in	手数料 （外税。内税の場合は 特記）
Bankers https://www.bankers.co.jp/	最低成立金額を 設定可	借入金利：年率2〜8%
宙とぶペンギン https://flying-penguin.jp/	どちらも可	ファンド組成手数料： 5万円 ファンド成立後は「売上連動手数料報酬」として、設定された分配割合に10%を乗じた金額をファンド対象事業の売上から計算して手数料を決定 （購入型・寄付型：10%）

入金（送金） スケジュール	特徴
初回相談から1〜2か月程度	融資型。銀行、証券、VC、ノンバンク、ネット金融等の出身者が多数在籍し、SPCを利用したストラクチャード・ファイナンスなど顧客に合わせた最適な融資スキームを提案可能。
最短で募集期間終了後14日以内（購入型などクレジット決済を含む場合は入金状況・決済方法での締め日によって変動）	投資型のほか、購入型、寄付型も可能な日本で唯一の総合型クラウドファンディングサイト。 投資型における単一プロジェクトでの資金調達額としては国内最高額の2.7億円を調達。 プロジェクトのリターン設計は自由度が高く、プロジェクトの事業計画に合わせて会計期間や分配のパーセンテージを設定することができる。また、購入型や寄付型と組み合わせた複合型のプロジェクトを行うことも可能。

【寄付型】

プラットフォーム名	All or Nothing または All in	手数料 （外税。内税の場合は 特記）
READYFOR https://readyfor.jp/	原則として All or Nothing （上場企業、公益法人、認定 NPO 法人などは All in 可）	17% （シンプルプランは 12%）
GoodMorning https://camp-fire.jp/goodmorning	どちらも可	9%
A-port 寄付型 https://a-port.asahi.com/kifu/	どちらも可	20%（税込 22%）または 50,000 円（税込 55,000 円）のいずれか高い金額

入金（送金） スケジュール	特徴
終了日の翌々月 10 日（早期入金オプション有：終了日の翌週第３営業日）	寄付金控除の対象となるプロジェクトは、募集ページ上に「寄付金控除型」と明記される。 社会貢献活動のサポートに特化したキュレーター部門「ソーシャル部門」を持ち、ソーシャル部門の達成率、支援額、シェア No.1 を誇る。
終了日の翌月末日（早期入金オプション有：早期振込申請日の翌週第３営業日）	CAMPFIRE が運営。プロジェクトは CAMPFIRE のソーシャルグッドカテゴリにも同時掲載される。 継続的に月額で支援を集める「マンスリーサポーター方式」のプロジェクトも実行可能。
① 1 日〜 15 日に終了するプロジェクト：月末締め５営業日後、② 16 日〜月末に終了するプロジェクト：翌月 15 日締め５営業日後	認定 NPO 法人や学校法人など一定の条件を満たしている団体が利用可能。

著者紹介

原 尚美（はら なおみ）

　税理士。東京外国語大学英米語学科卒業。7人家族に嫁いだが、社会との接点を求めて税理士を目指す。ＴＡＣの全日本答練「財務諸表論」「法人税法」を全国1位の成績で、税理士試験に合格。直後に出産。育児と両立させるため、平成2年、1日3時間だけの会計事務所を開業。

　事業計画書の作成支援や資金調達サポートなど地に足のついたクライアント支援を心がけ、スタッフ60名（ミャンマー事務所30名含む）、一部上場企業の子会社やグローバル企業の日本子会社などをクライアントに持つまでに事務所を成長させた。クライアントの9割が黒字の実績を誇る。

　著書に『51の質問に答えるだけですぐできる「事業計画書」のつくり方』（日本実業出版社）、『ひとりでできる 必要なことがパッとわかる 人事・経理・労務の仕事が全部できる本』（ソーテック社）など。

取材協力

READYFOR 株式会社

　キュレーター部　ソーシャル部門長　　　徳永 健人 様

株式会社日本クラウドキャピタル（FUNDINNO 運営会社）

　取締役　　　　　　　　　　　　　布施 知芳 様
　執行役員　CMO　　　　　　　　　向井 純太郎 様

ソニー銀行株式会社（Sony Bank GATE 運営会社）

　商品企画部　クラウドファンディング推進課長　　　　　下重 敏文 様
　商品企画部　クラウドファンディング推進課　シニアマネージャー

　　　　　　　　　　　　　　　　　　　　　　　　成瀬 三千男 様

サービス・インフォメーション

─────────── 通話無料 ───────────

① 商品に関するご照会・お申込みのご依頼
　　　　　TEL 0120(203)694／FAX 0120(302)640
② ご住所・ご名義等各種変更のご連絡
　　　　　TEL 0120(203)696／FAX 0120(202)974
③ 請求・お支払いに関するご照会・ご要望
　　　　　TEL 0120(203)695／FAX 0120(202)973

● フリーダイヤル(TEL)の受付時間は、土・日・祝日を除く
　 9:00～17:30です。
● FAXは24時間受け付けておりますので、あわせてご利用ください。

事例解説　もう迷わない！
税理士のためのクラウドファンディングの実務
～類型ごとの会計処理から
資金調達支援のためのアドバイスまで～

2022年3月10日　初版発行

著　者　　原　　　尚　美

発行者　　田　中　英　弥

発行所　　第一法規株式会社
　　　　　〒107-8560　東京都港区南青山2-11-17
　　　　　ホームページ　https://www.daiichihoki.co.jp/

税理士クラファン　ISBN 978-4-474-07712-6 C2034（3）